DIBUJAR
KAWAII

GENTE
adorable

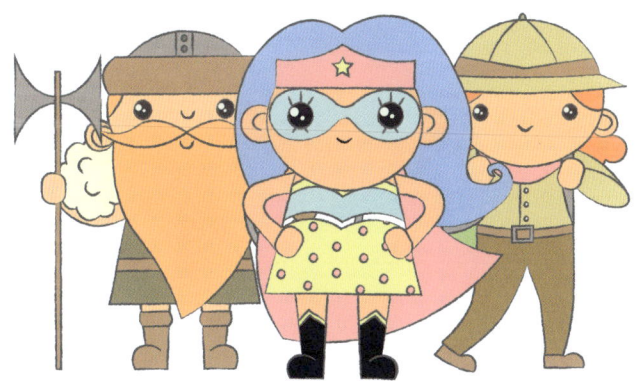

Título original: *Draw Kawaii – Cute People*

© 2025 Librero b.v. (edición española)
WWW.LIBRERO.NL

© 2024 Hatch Press

Producción de la edición española:
Tanja Timmerman vertaling & redactie
Traducción: Almudena Sasiain Calle
Maquetación: Indruk Grafisch Ontwerp

Distribución exclusiva de la edición española:
LIBRERO IBP
C/ Paseo de los Olmos, n.° 20
Planta 1.ª, Oficina 7
28005 MADRID
www.librero-ibp.es

Printed in China
Impreso en China

ISBN: 978-94-6499-092-8

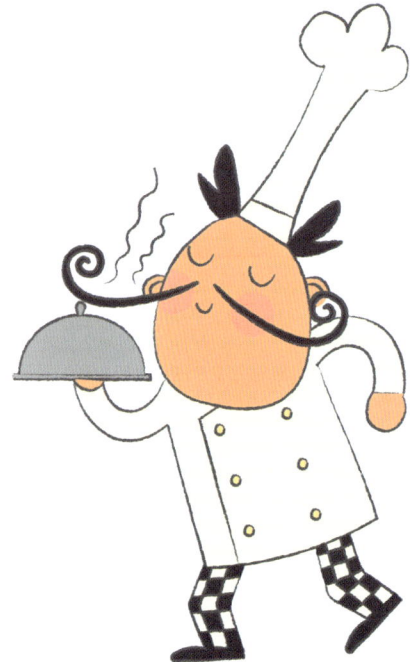

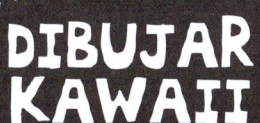

DIBUJAR KAWAII

GENTE adorable

Paso a paso

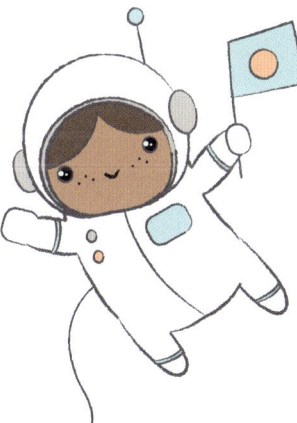

Librero

Sumario

introducción
¿Qué es kawaii?

Kawaii significa «mono» en japonés, y también da
nombre a un estilo artístico originario de ese país.
Las obras de esta corriente destacan por el aire
tierno y dulce de los personajes representados. Este
libro te enseñará a dominar las técnicas necesarias
para crear tus propios personajes kawaii. En las
primeras páginas se incluyen trucos e información
general y, a continuación, toda una serie de proyectos
explicados paso a paso.

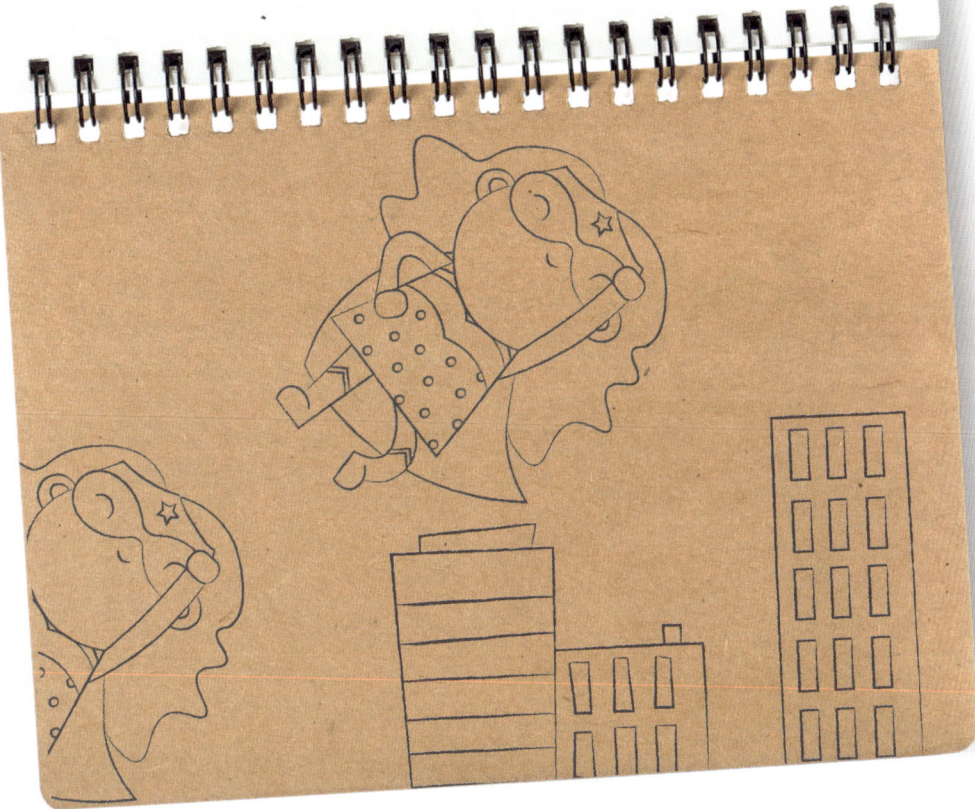

Materiales

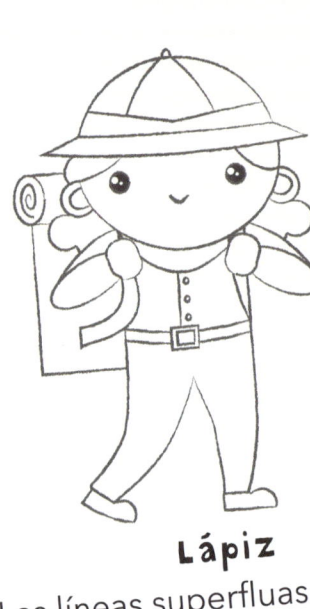

Lápiz
Las líneas superfluas de los dibujos con lápiz HB son fáciles de borrar con una goma.

Las ideas de este libro se pueden llevar a cabo de diferentes maneras y con distintos materiales. Aquí tienes algunas sugerencias.

Papeles de colores
¡Prueba a dibujar persona Kawaii sobre papeles de diversos colores!

Pinturas de palo
Los lápices de colores son ideales para sombrear. Mira este dibujo de una guerrera *ninja*.

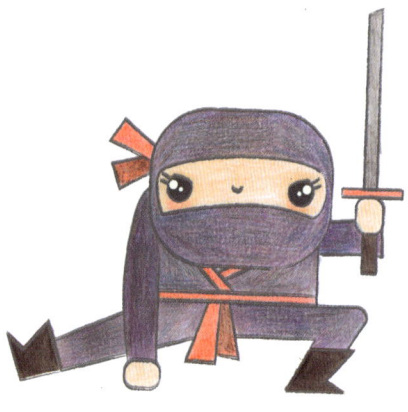

Etiquetas

Crea tus propias etiquetas kawaii para los regalos que hagas.

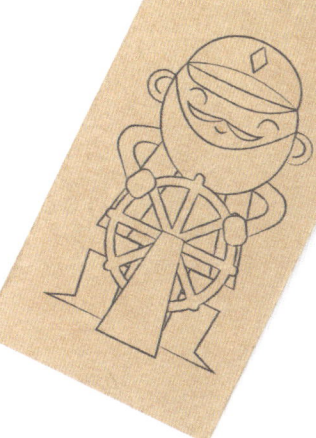

Tinta

¡Utiliza un pincel fino para hacer simpáticas pinturas con tinta!

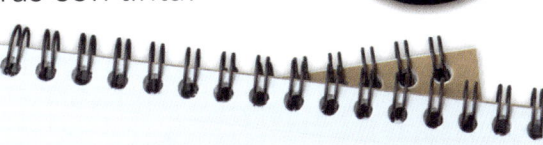

Pegatinas

¡Dibuja lindas pegatinas para regalar a tus amigos!

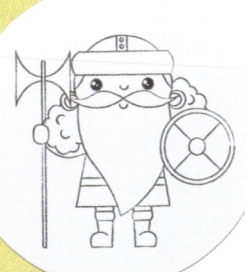

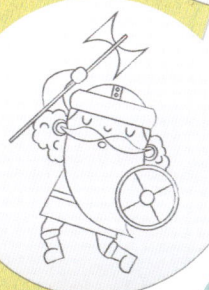

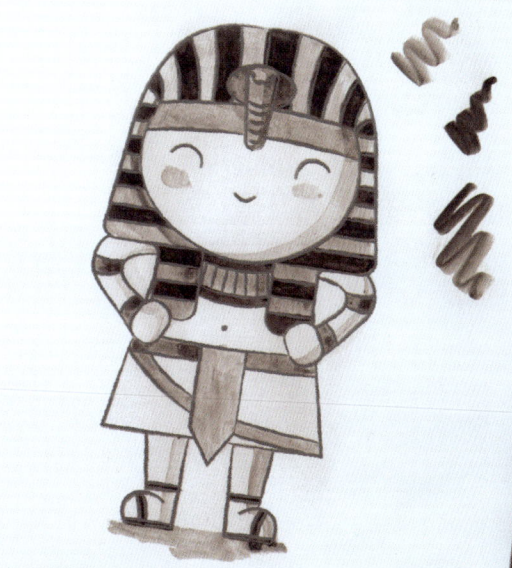

Libreta de esbozos

Usa un bloc para tener una colección de dibujos a mano.

cómo hacer que todo sea tierno

Suavizar formas

Redondear las puntas de un triángulo suavizará su forma. Intenta dulcificar los bordes de las siluetas al dibujar personajes kawaii.

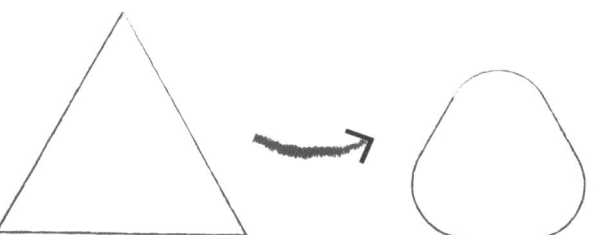

Simplificar los dibujos

Haz que los dibujos sean más lindos simplificándolos hasta sus líneas básicas. ¡Así podrás hacer que casi todo tenga un aire más tierno!

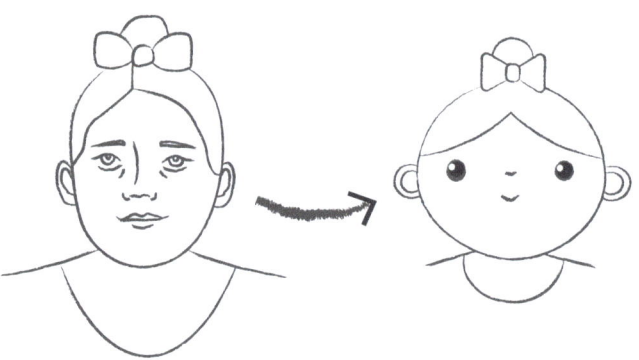

Proporciones

Los cuerpos de las figuras kawaii deben tener las siguientes proporciones: la cabeza grande, el cuerpo corto y las piernas cortas.

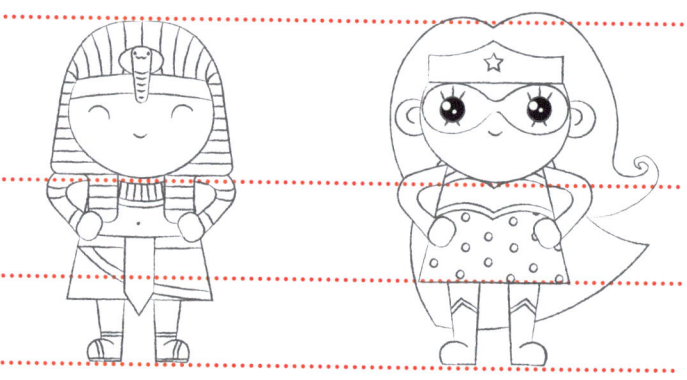

Añade una cara mona

Puedes hacer que casi cualquier cosa resulte tierna dibujándole una simpática cara de dibujos animados.

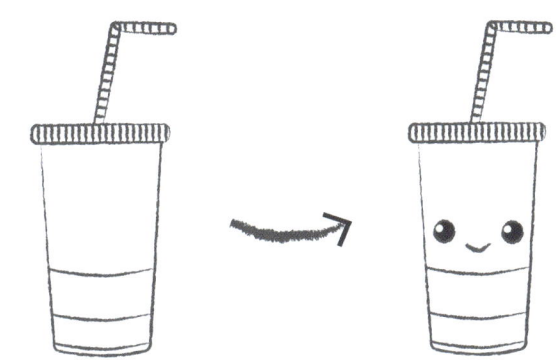

colores suaves

Los colores pastel son más monos. Utiliza colores pastel suaves para dar a tus personajes un aspecto tierno.

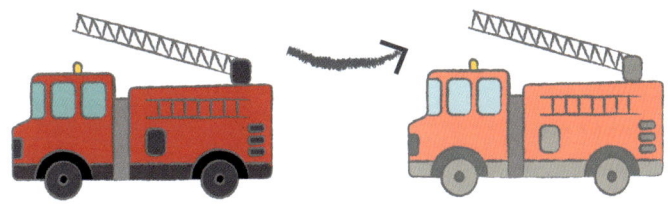

Líneas de movimiento

Añadir líneas de movimiento de este modo es una forma sencilla y eficaz dotar de dinamismo a un dibujo.

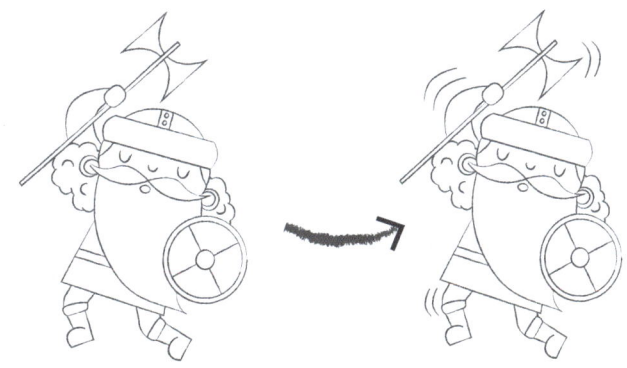

Añadido de accesorios

Zapatos monos

¡No olvides añadir un par de zapatos lindos y monos!

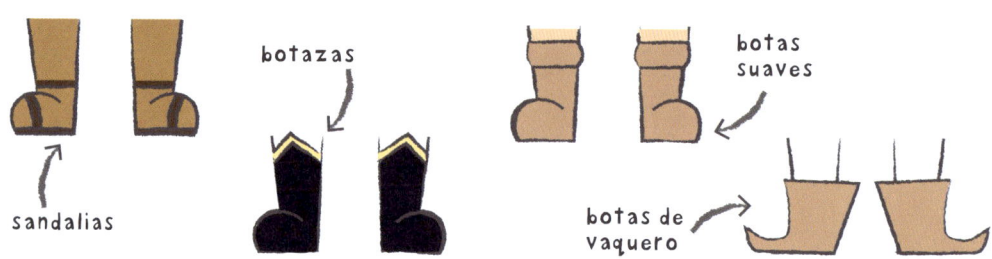

botazas

botas suaves

sandalias

botas de vaquero

objetos lindos

¡Estos interesantes objetos darán vida y personalidad a tus personajes!

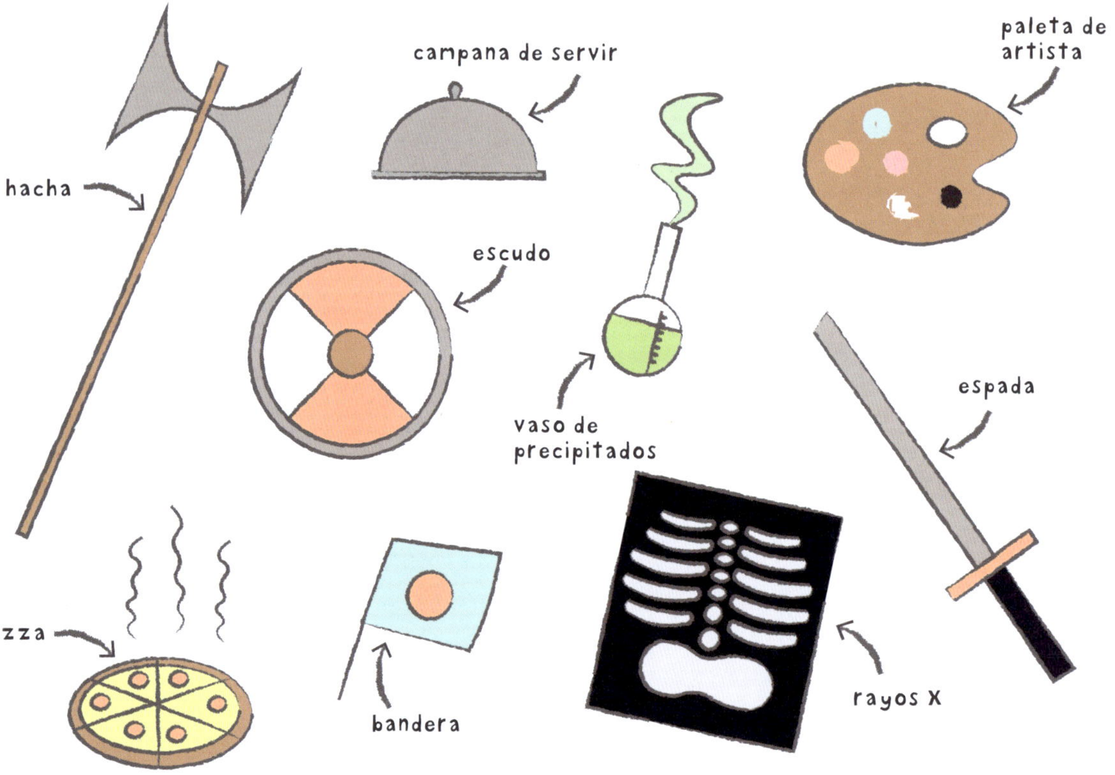

campana de servir

paleta de artista

hacha

escudo

espada

vaso de precipitados

pizza

bandera

rayos X

Gafas monas

Unas lindas gafas en una cabeza grande pueden quedar muy monas.

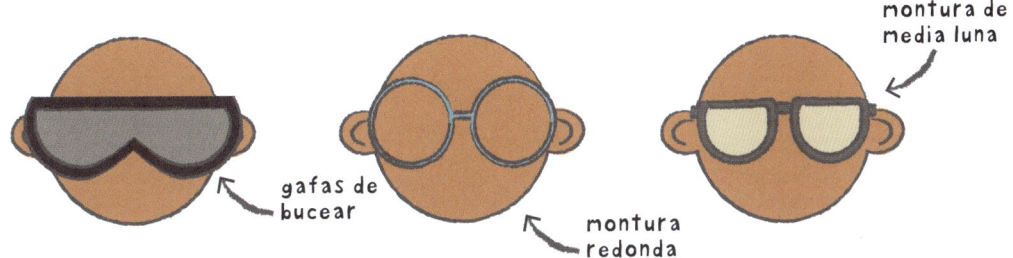

montura de
media luna

gafas de
bucear

montura
redonda

Sombreros monos

Añadir un sombrero es una forma fácil de dar
estilo o identidad a tu personaje kawaii.

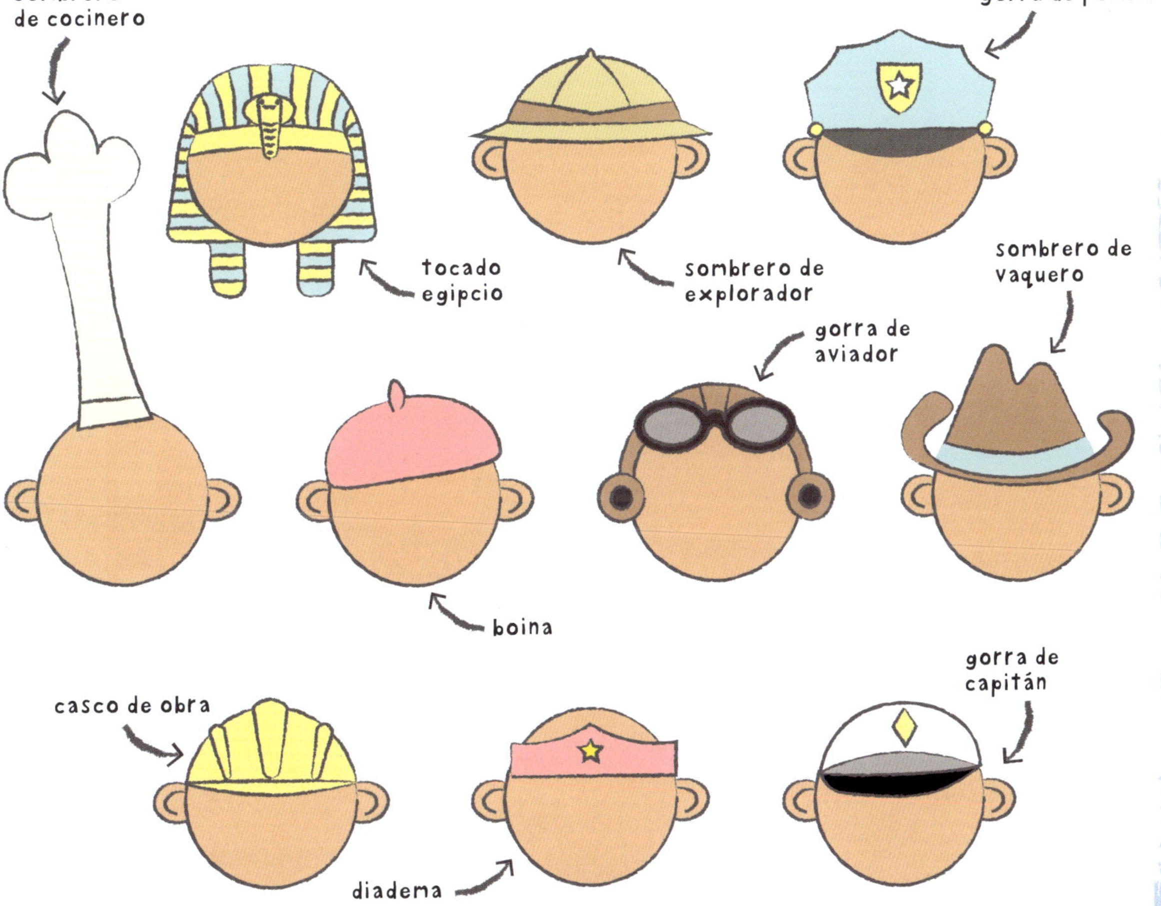

sombrero
de cocinero

gorra de policía

tocado
egipcio

sombrero de
explorador

sombrero de
vaquero

gorra de
aviador

boina

casco de obra

gorra de
capitán

diadema

Expresiones

cambia la expresión de tu figura y añade personalidad.

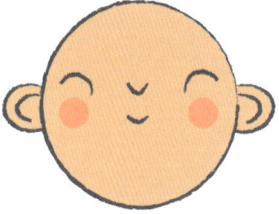

Feliz

Los ojos son rayas curvas hacia abajo

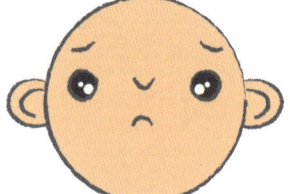

Triste

Las cejas son rayas curvas

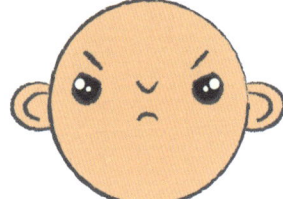

Enfadado

Las cejas son rayas descedentes

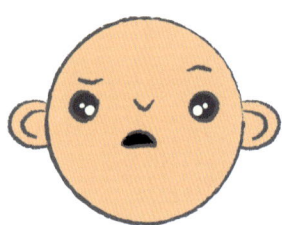

confundido

Dibuja una ceja más arriba

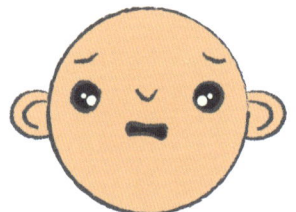

Asustado

Dibuja las dos cejas arriba

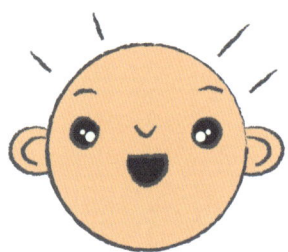

Exaltado

Dibuja la boca abierta

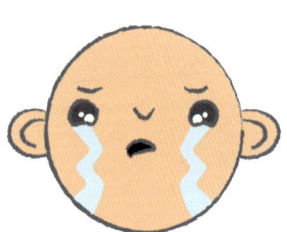

Lloroso

Dibuja ríos de lágrimas

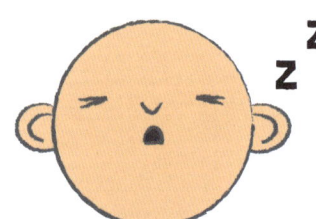

cansado

Dibuja los ojos cerrados

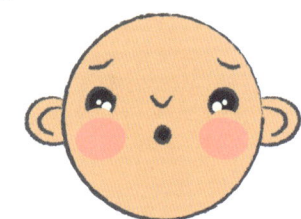

Avergonzado

Dibuja la boca fruncida

Estilos de peinado

Experimenta con peinados diferentes.

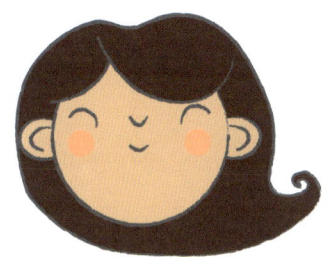

Largo y ondulado

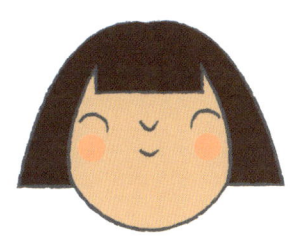

corte a lo paje

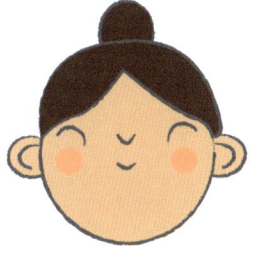

Moño

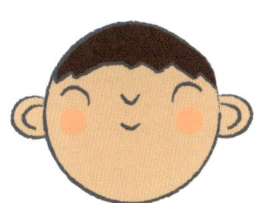

cortito con flequillo

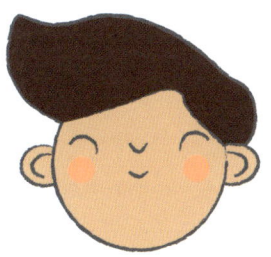

ondulado

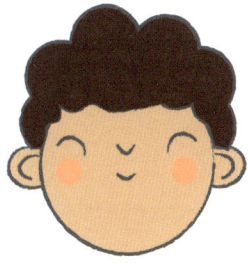

Rizos

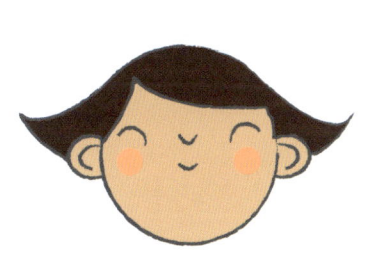

Melenita corta

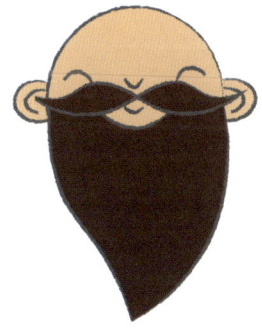

calvo con barba

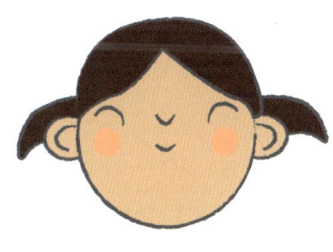

Dos coletas

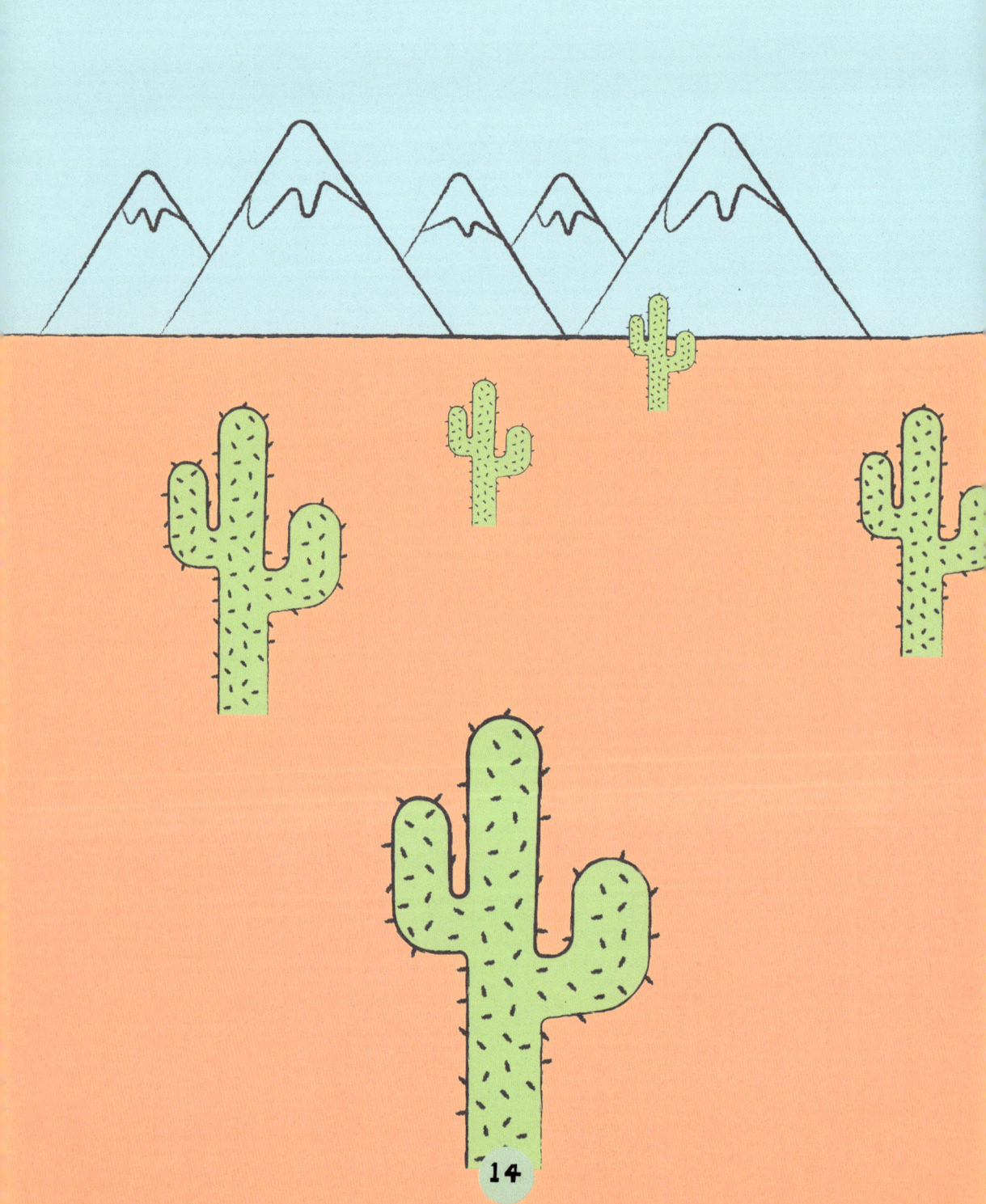

14

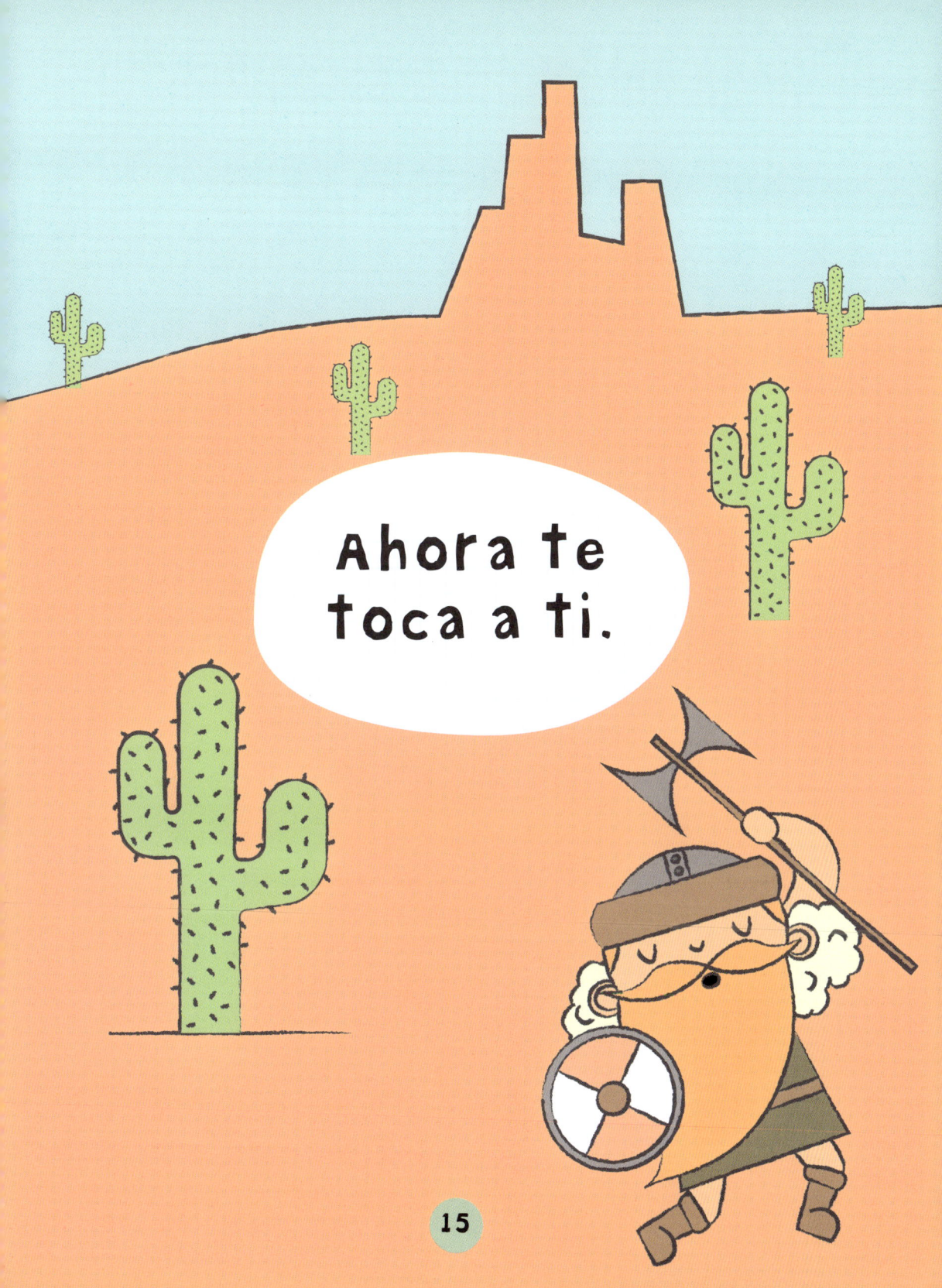

15

obrera kawaii

1

casco

orejas

cuerpo

Caja de herramientas

Pies

2 Dibújale la cara, las orejas y el pelo.

Dibuja los detalles de la ropa y las botas.

Añade herramientas al cinturón.

3 ¡coloréala!

1

casco

orejas

Manos

Plano de la obra

Botas

2 Dibújale la cara y las orejas.

Dibuja los detalles de los vaqueros y las botas.

3 ¡coloréala!

Borra todos los trazos de esbozado superfluos.

Puedes añadir estas obreras kawaii a una escena de construcción.

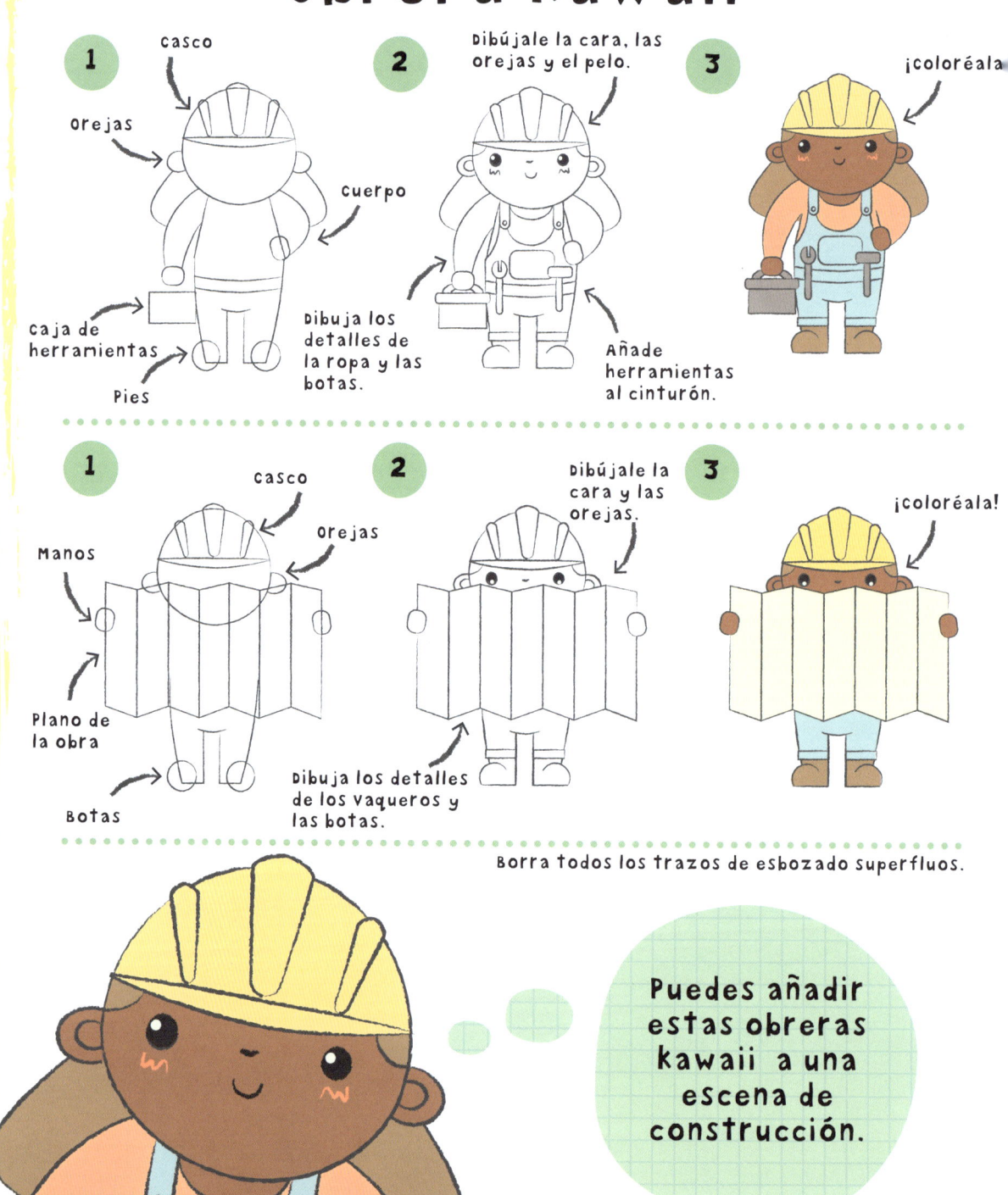

Ahora
dibuja tú
una obrera.

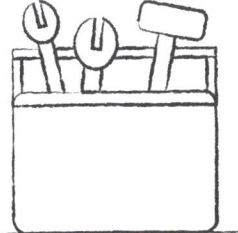

Bombero kawaii

1 casco

orejas

Manguera

chaqueta

Extintor

Pies

2 Termina el casco.

Dibújale la cara, las orejas y el pelo.

Dibuja un chorro de agua.

3 ¡coloréalo!

Dibújale las botas. Añade detalles al uniforme.

1 casco

orejas

chaqueta

Pies

2 Termina el casco.

Dibújale la cara, las orejas y el pelo.

Dibújale las botas. Añade detalles al uniforme.

3 ¡coloréalo!

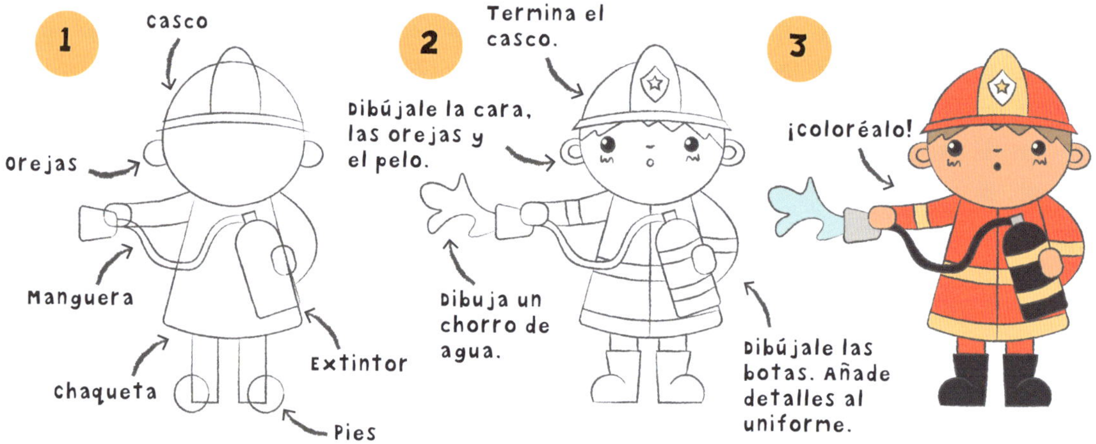

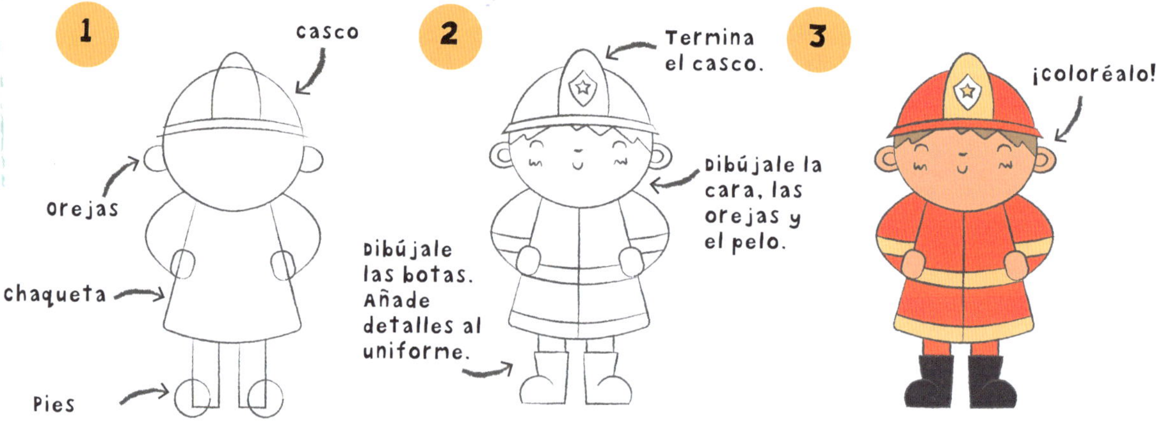

Borra todos los trazos de esbozado superfluos.

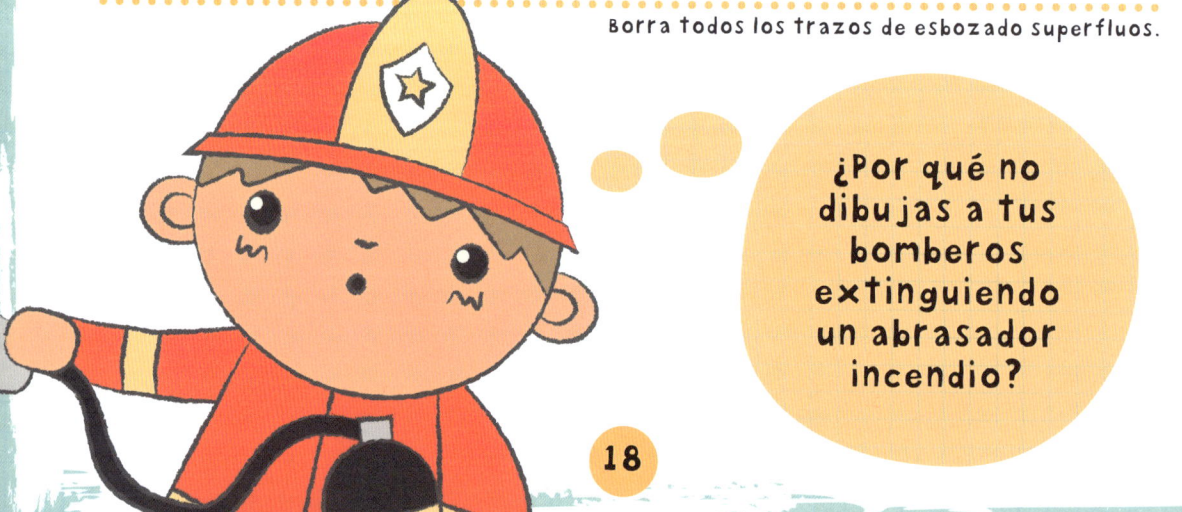

¿Por qué no dibujas a tus bomberos extinguiendo un abrasador incendio?

18

Ahora dibuja tú
un bombero.

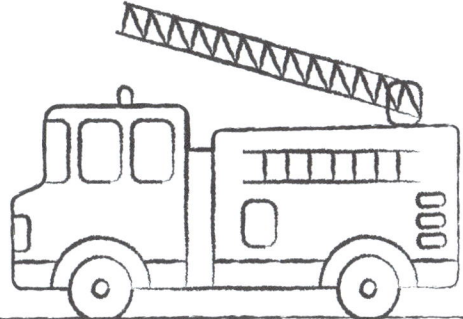

Gladiador kawaii

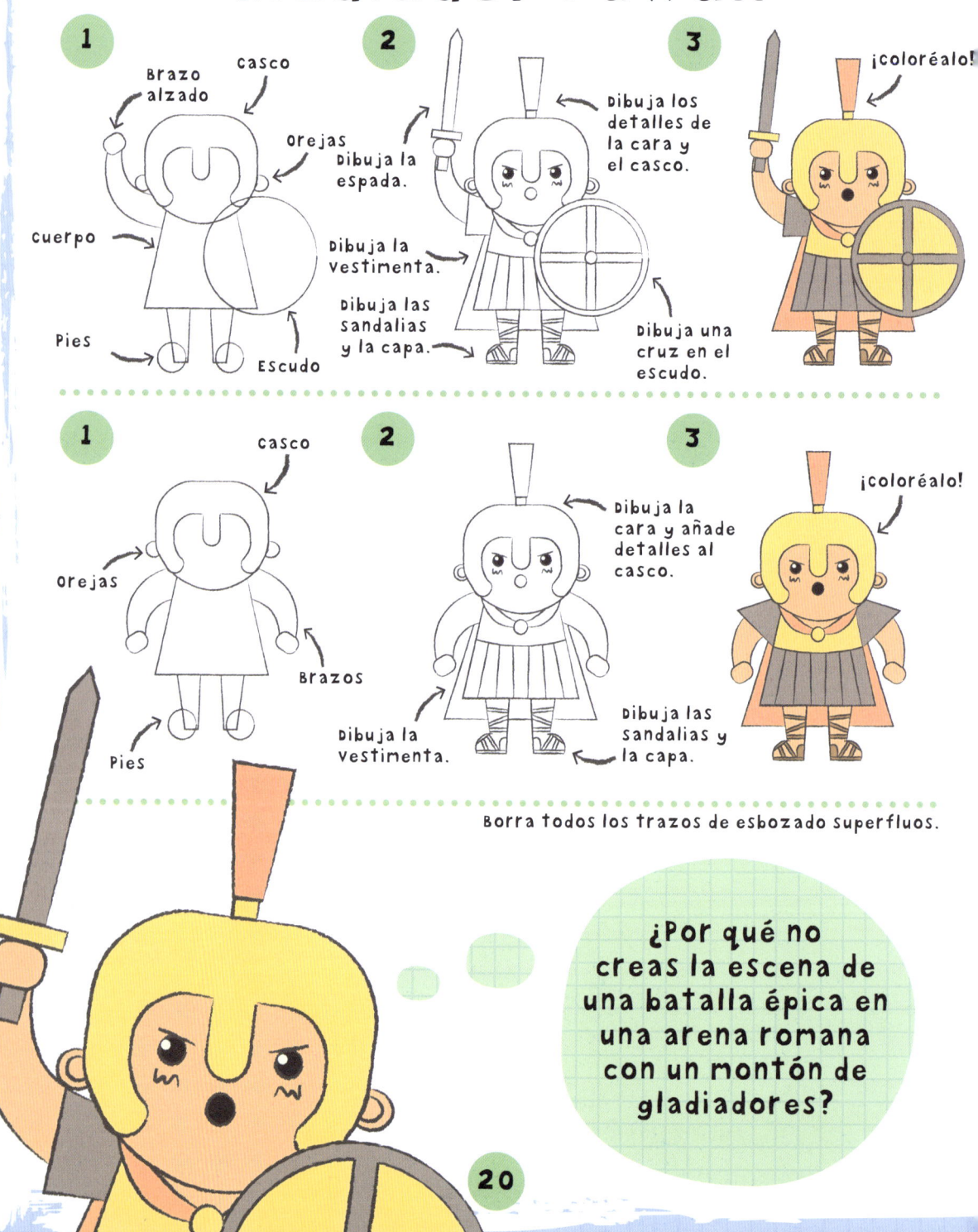

1
- Brazo alzado
- casco
- Orejas
- cuerpo
- Pies
- Escudo

2
Dibuja la espada.
Dibuja la vestimenta.
Dibuja las sandalias y la capa.

3
¡coloréalo!
Dibuja los detalles de la cara y el casco.
Dibuja una cruz en el escudo.

1
- casco
- Orejas
- Brazos
- Pies

2
Dibuja la vestimenta.
Dibuja las sandalias y la capa.

3
¡coloréalo!
Dibuja la cara y añade detalles al casco.

Borra todos los trazos de esbozado superfluos.

¿Por qué no creas la escena de una batalla épica en una arena romana con un montón de gladiadores?

Ahora
dibuja tú
un gladiador.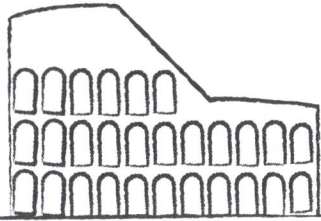

Atleta kawaii

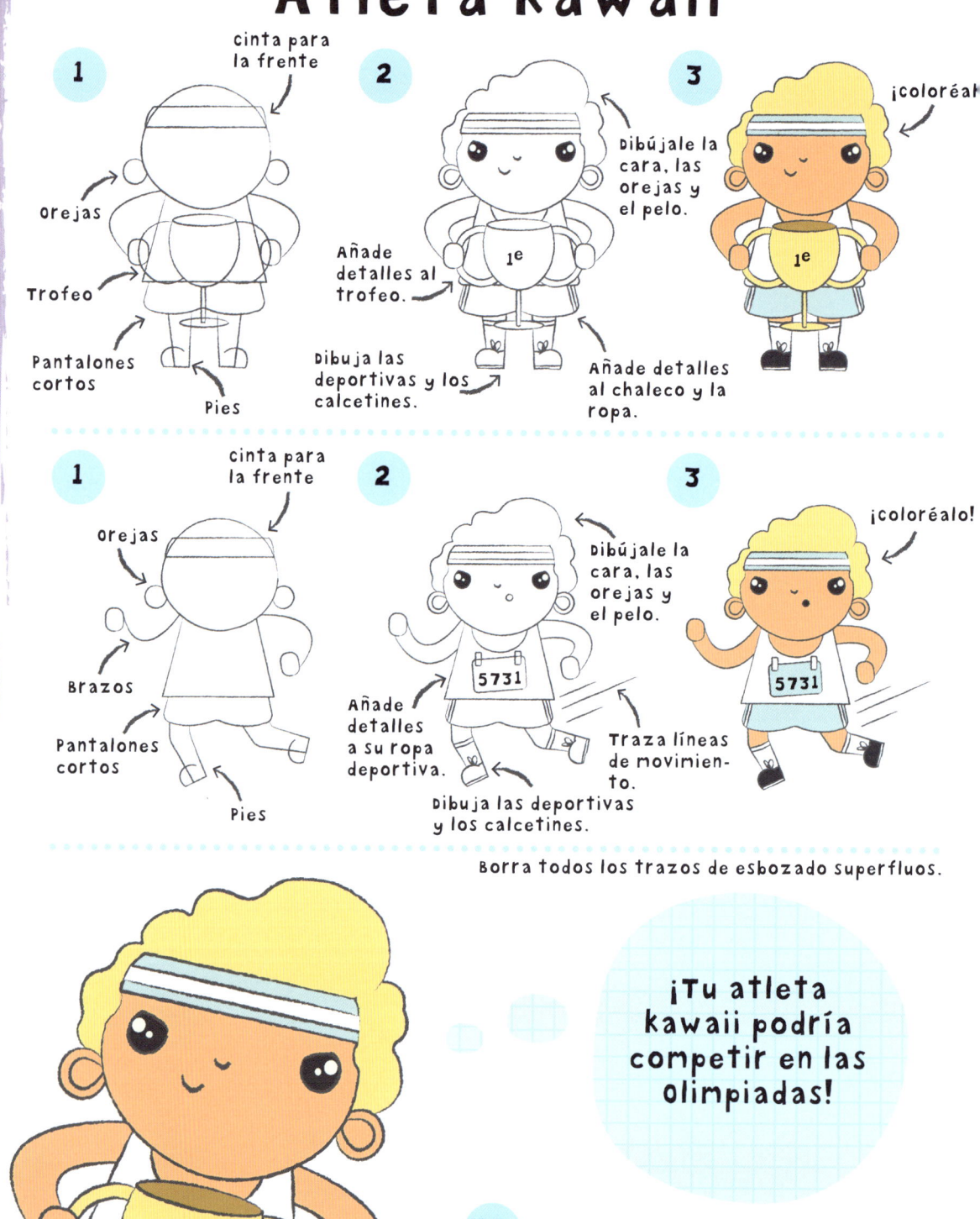

1

cinta para
la frente

Orejas

Trofeo

Pantalones
cortos

Pies

2

Añade
detalles al
trofeo.

Dibuja las
deportivas y los
calcetines.

1e

Dibújale la
cara, las
orejas y
el pelo.

Añade detalles
al chaleco y la
ropa.

3

¡coloréal

1e

1

cinta para
la frente

Orejas

Brazos

Pantalones
cortos

Pies

2

Añade
detalles
a su ropa
deportiva.

5731

Dibuja las deportivas
y los calcetines.

Dibújale la
cara, las
orejas y
el pelo.

Traza líneas
de movimien-
to.

3

¡coloréalo!

5731

Borra todos los trazos de esbozado superfluos.

¡Tu atleta
kawaii podría
competir en las
olimpiadas!

1e

Ahora
dibuja tú
una atleta.

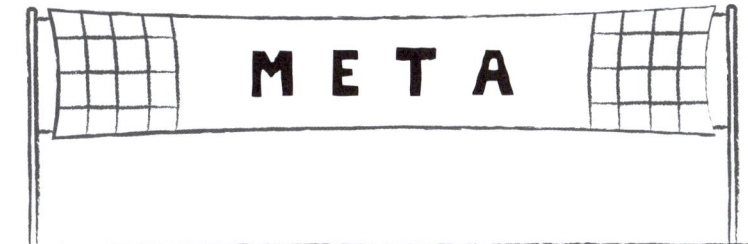

META

vikingo kawaii

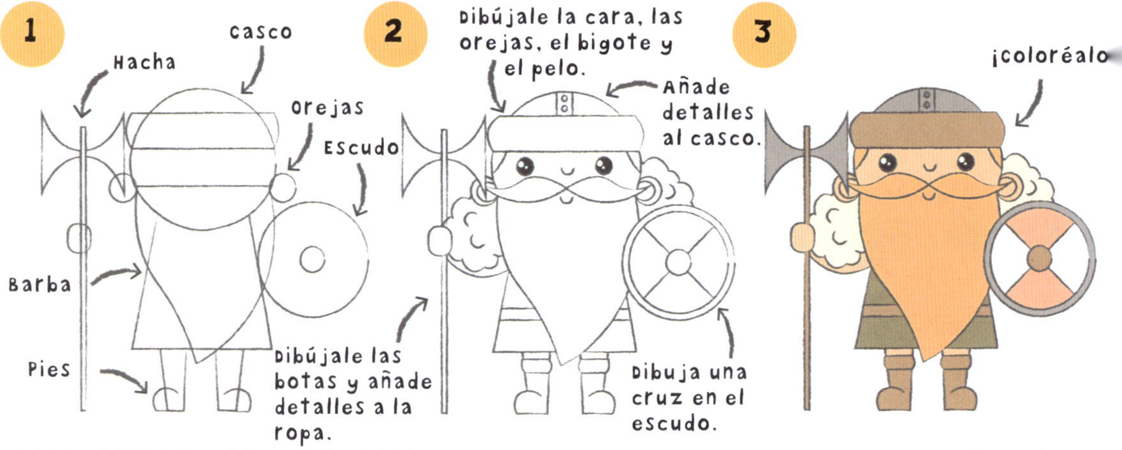

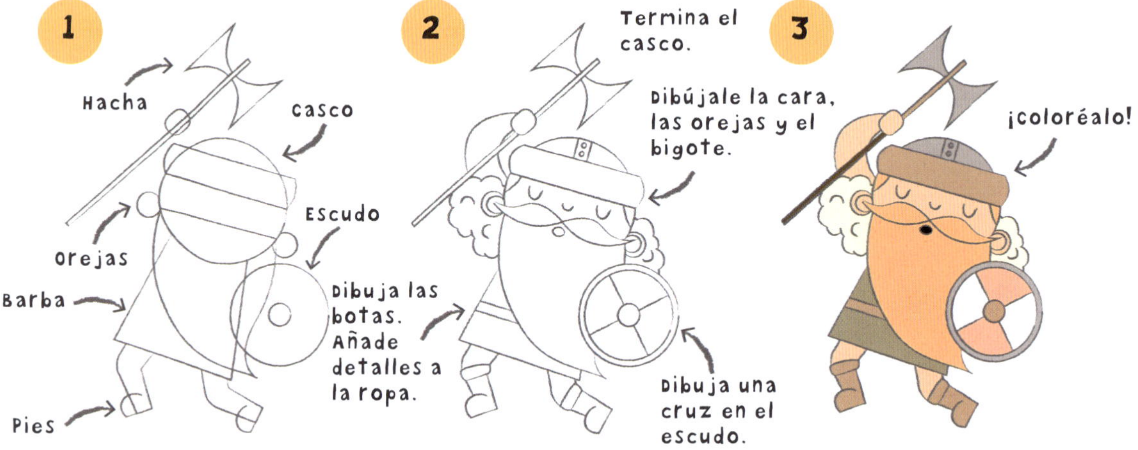

1

Hacha

casco

Orejas

Escudo

Barba

Pies

Dibújale las botas y añade detalles a la ropa.

2

Dibújale la cara, las orejas, el bigote y el pelo.

Añade detalles al casco.

Dibuja una cruz en el escudo.

3

¡coloréalo!

1

Hacha

casco

Escudo

Orejas

Barba

Pies

2

Termina el casco.

Dibújale la cara, las orejas y el bigote.

Dibuja las botas. Añade detalles a la ropa.

Dibuja una cruz en el escudo.

3

¡coloréalo!

Borra todos los trazos de esbozado superfluos.

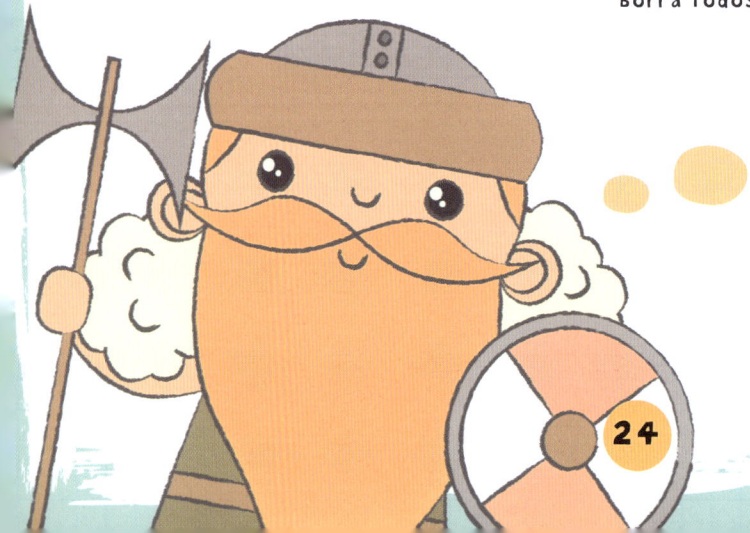

Tu vikingo kawaii podría estar luchando en una batalla o navegando en un barco. Lo que tú prefieras...

24

Ahora
dibuja tú
un vikingo.

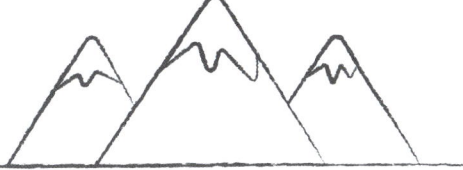

Astronauta kawaii

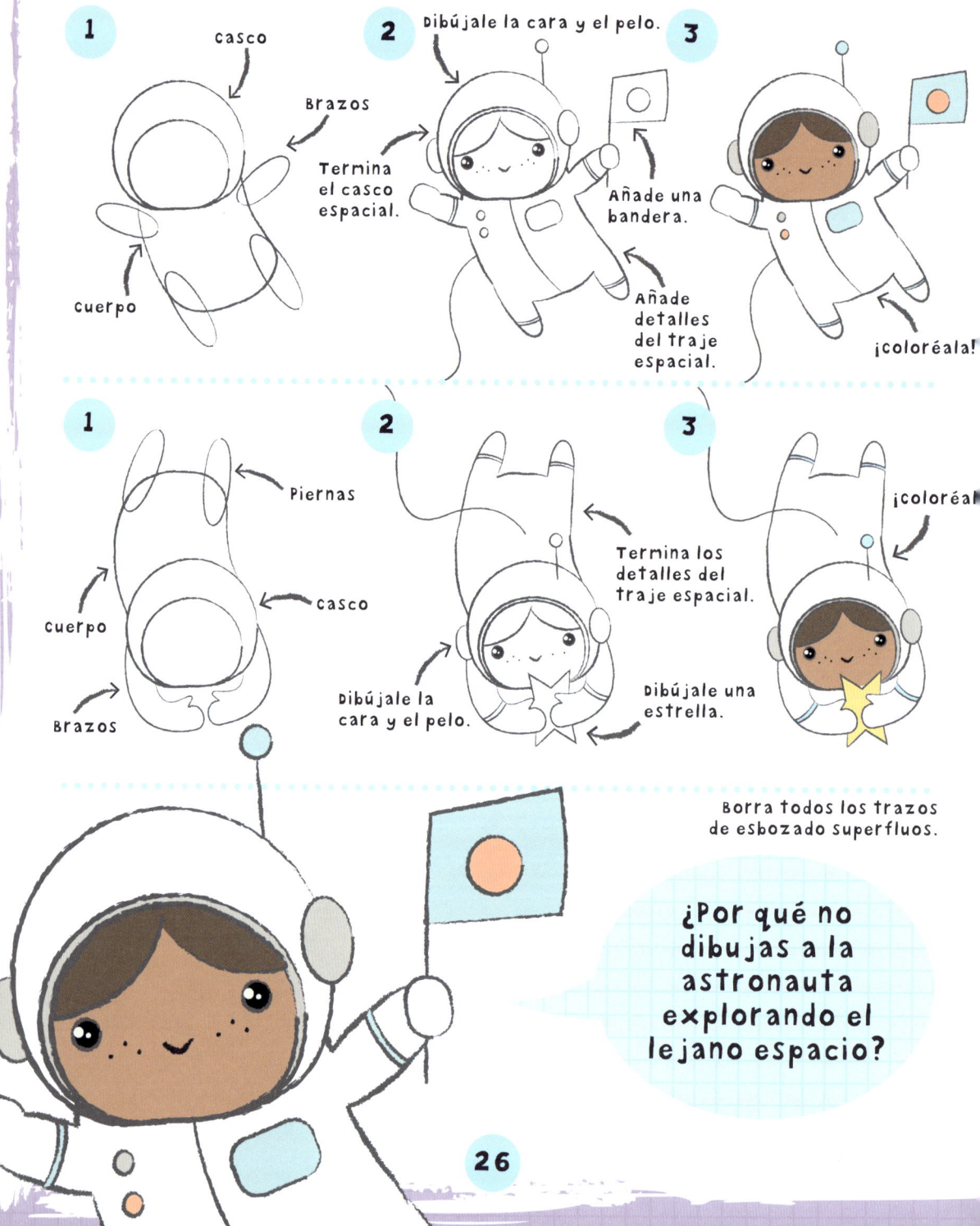

1

casco

Brazos

Cuerpo

2

Dibújale la cara y el pelo.

Termina el casco espacial.

Añade una bandera.

Añade detalles del traje espacial.

3

¡coloréala!

1

Piernas

Cuerpo

casco

Brazos

2

Dibújale la cara y el pelo.

Termina los detalles del traje espacial.

Dibújale una estrella.

3

¡coloréala!

Borra todos los trazos de esbozado superfluos.

¿Por qué no dibujas a la astronauta explorando el lejano espacio?

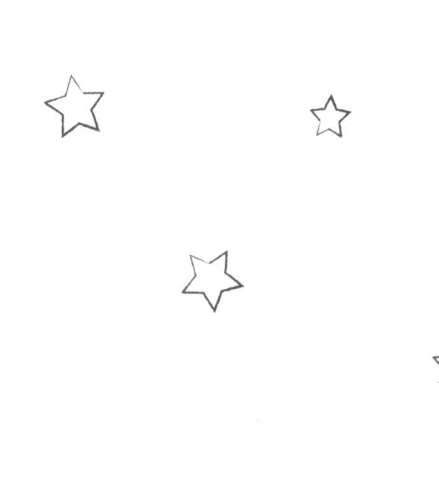

Ahora dibuja tú
una astronauta.

Superheroína kawaii

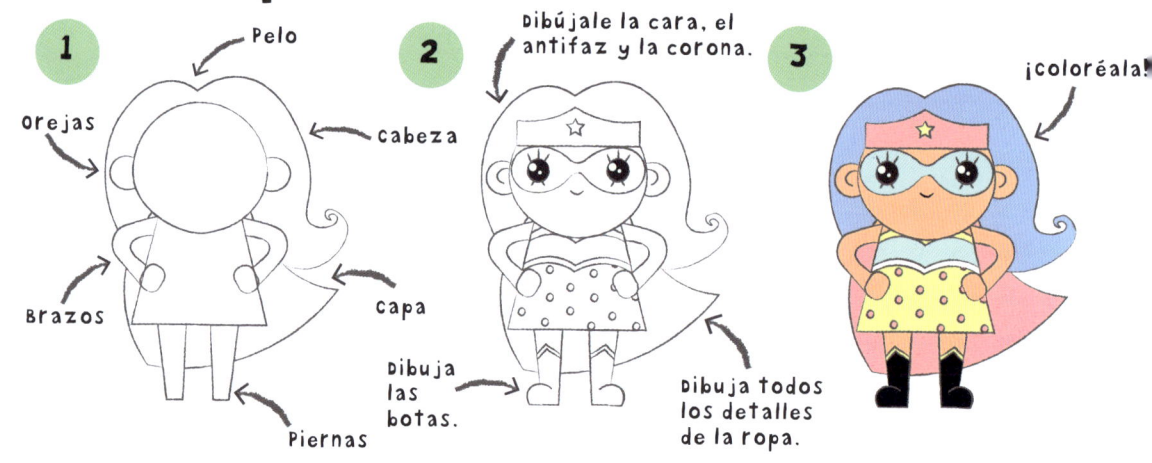

1 Pelo · Orejas · cabeza · Brazos · capa · Piernas

2 Dibújale la cara, el antifaz y la corona. · Dibuja las botas. · Dibuja todos los detalles de la ropa.

3 ¡coloréala!

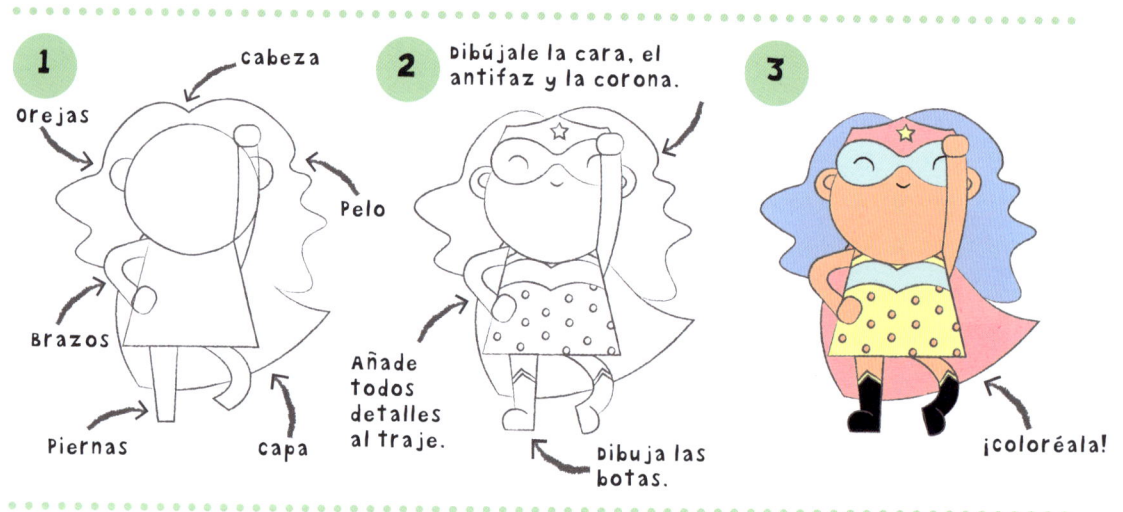

1 cabeza · Orejas · Pelo · Brazos · Piernas · capa

2 Dibújale la cara, el antifaz y la corona. · Añade todos detalles al traje. · Dibuja las botas.

3 ¡coloréala!

Borra todos los trazos de esbozado superfluos.

¿Por qué no dibujas a tu heroína kawaii luchando contra un villano kawaii o rescatando a alguien?

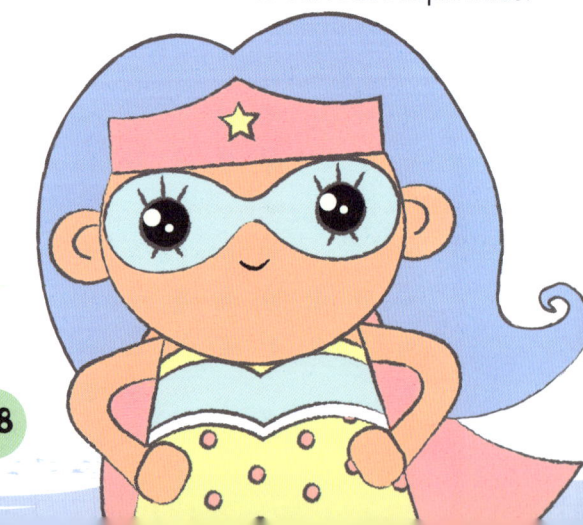

Ahora dibuja tú
una superheroína.

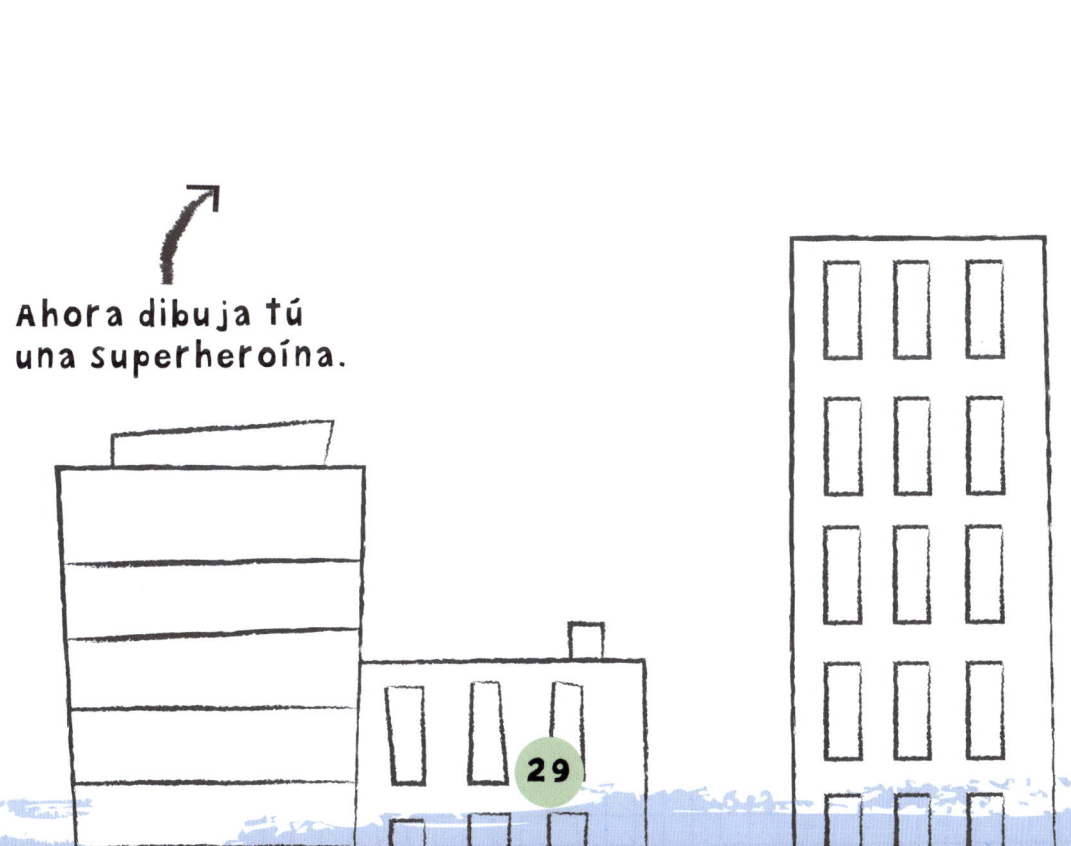

chef kawaii

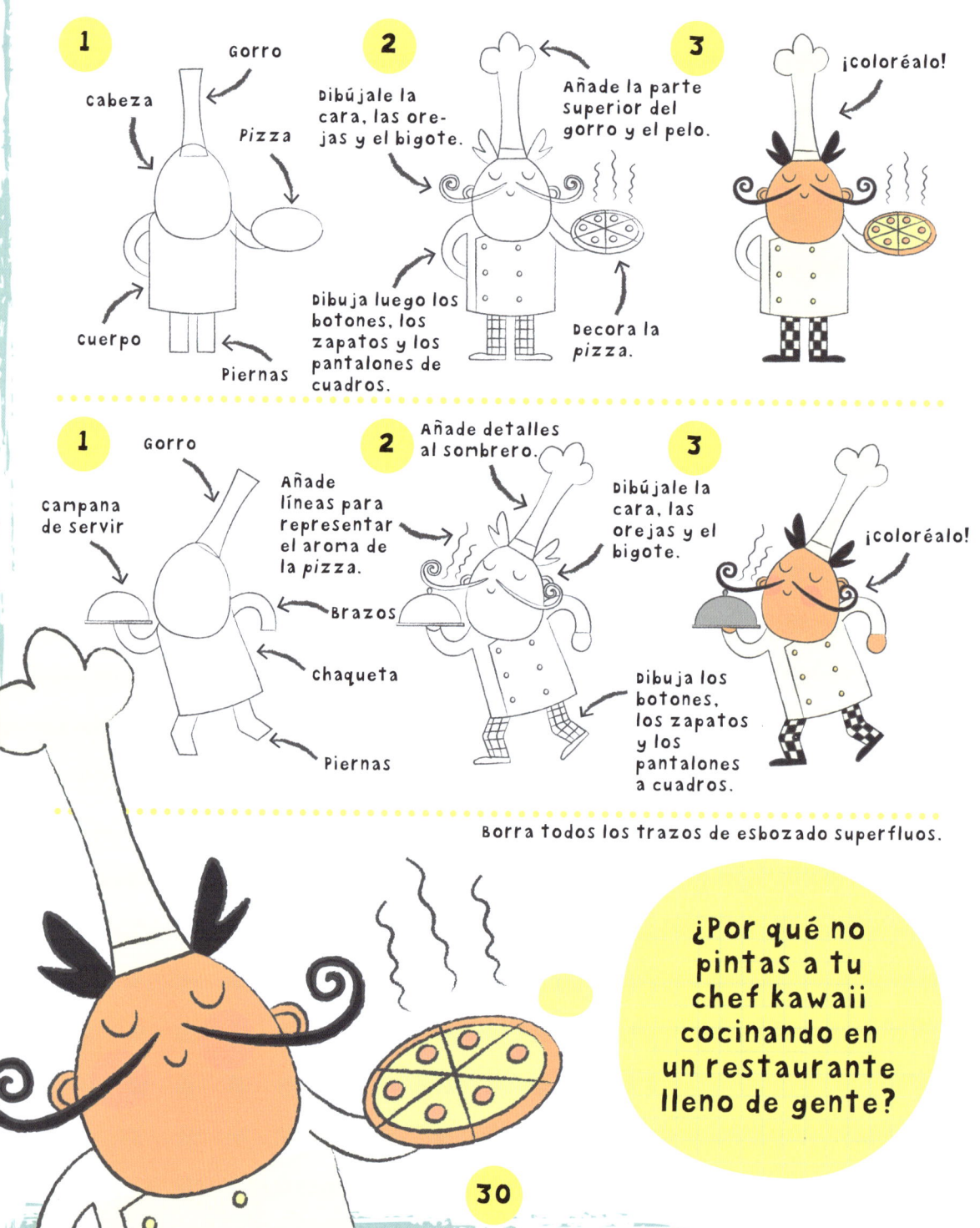

1

Cabeza

Gorro

Pizza

cuerpo

Piernas

2

Dibújale la cara, las orejas y el bigote.

Dibuja luego los botones, los zapatos y los pantalones de cuadros.

Añade la parte superior del gorro y el pelo.

Decora la pizza.

3

¡coloréalo!

1

campana de servir

Gorro

2

Añade detalles al sombrero.

Añade líneas para representar el aroma de la pizza.

Brazos

chaqueta

Piernas

3

Dibújale la cara, las orejas y el bigote.

¡coloréalo!

Dibuja los botones, los zapatos y los pantalones a cuadros.

Borra todos los trazos de esbozado superfluos.

¡Por qué no pintas a tu chef kawaii cocinando en un restaurante lleno de gente?

30

Ahora
dibuja tú
un cocinero.

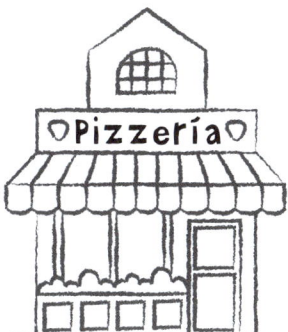

capitán kawaii

1 Gorra

orejas

cabeza

Brazos

chaqueta

Timón

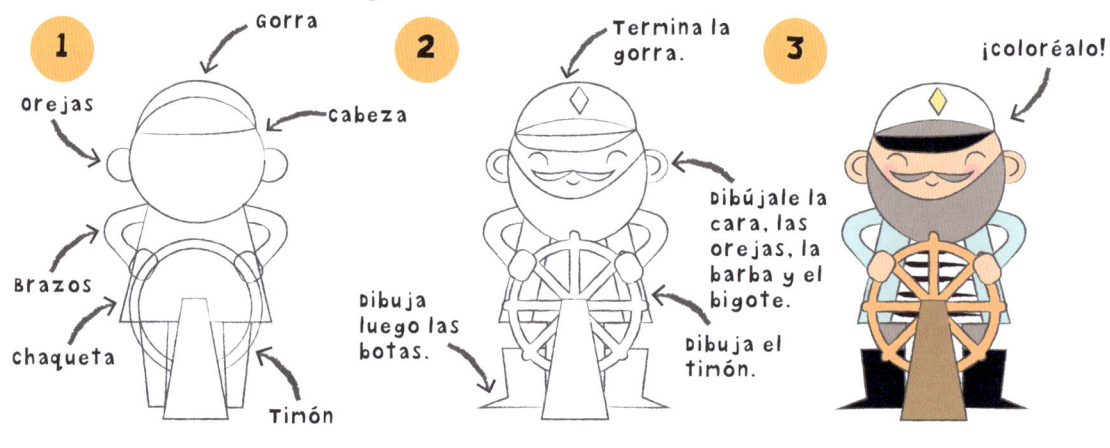

2 Termina la gorra.

Dibuja luego las botas.

3 ¡coloréalo!

Dibújale la cara, las orejas, la barba y el bigote.

Dibuja el timón.

---

1 Gorra

orejas

cabeza

Brazos

Piernas

chaqueta

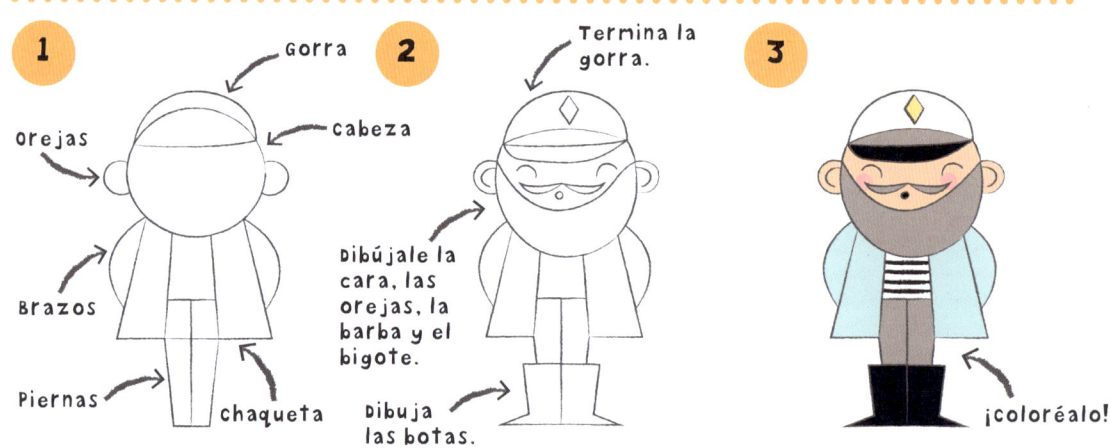

2 Termina la gorra.

Dibújale la cara, las orejas, la barba y el bigote.

Dibuja las botas.

3

¡coloréalo!

Borra todos los trazos de esbozado superfluos.

¿Por qué no pintas a tu capitán kawaii en su barco en un mar con marejada?

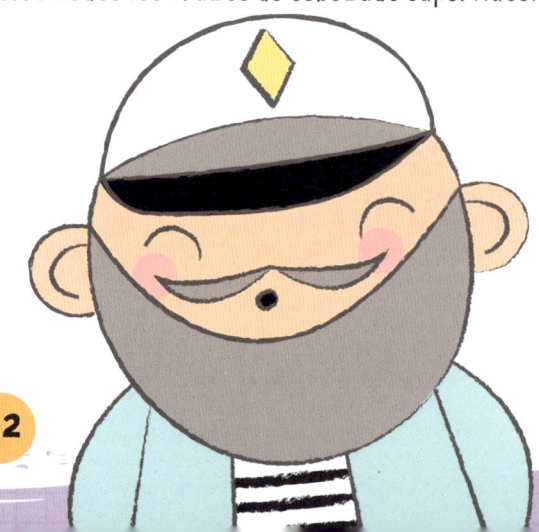

32

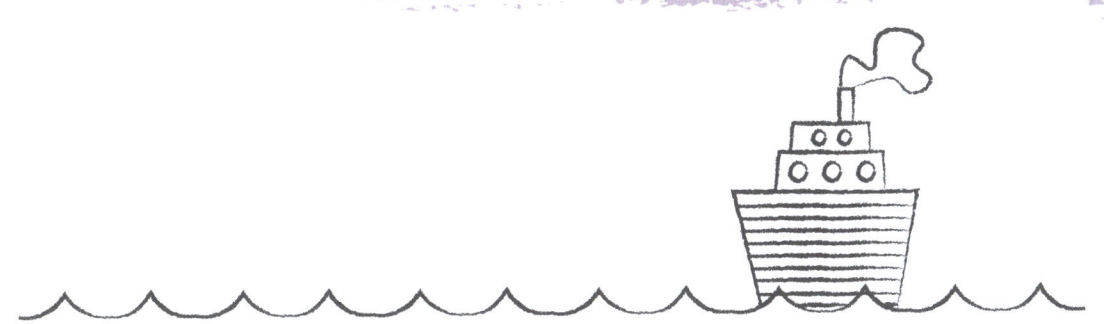

Ahora dibuja
tú un capitán.

Artista kawaii

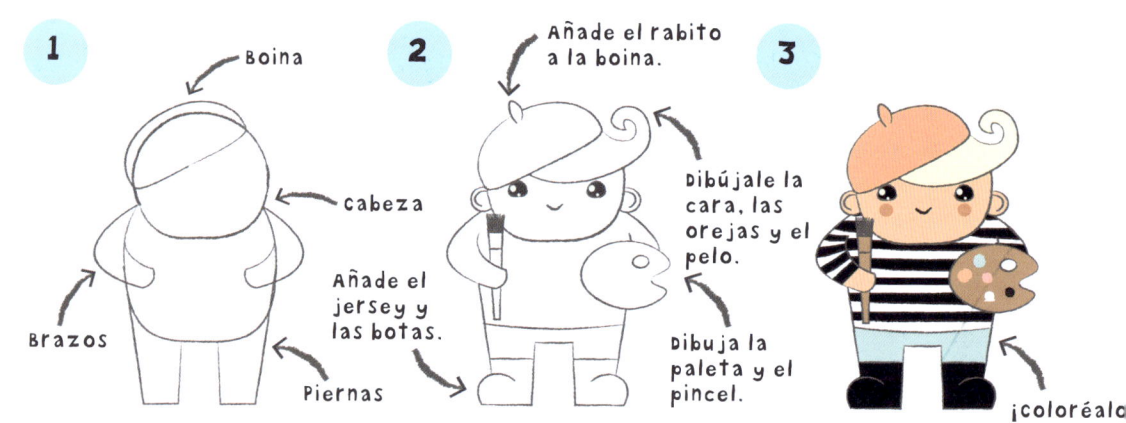

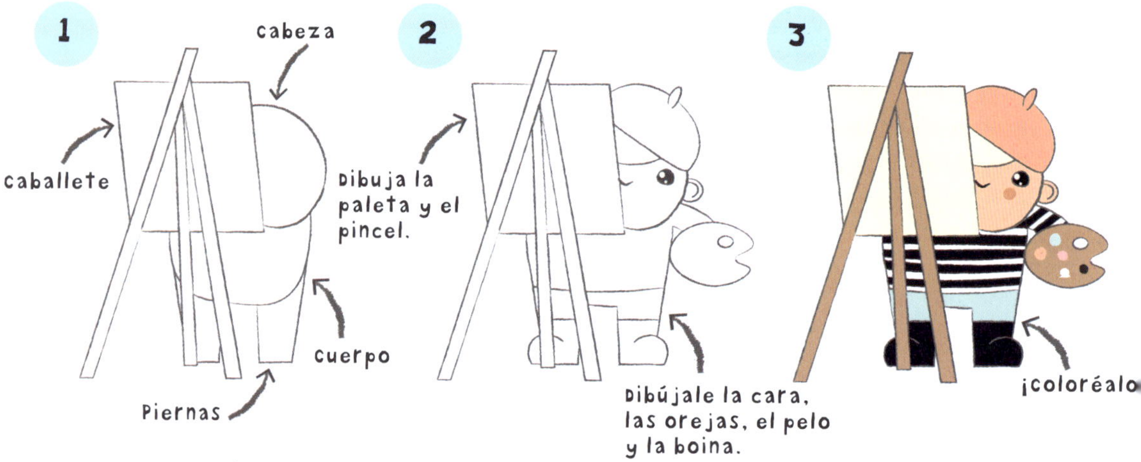

1   Boina   Cabeza   Brazos   Piernas

2   Añade el rabito a la boina.   Añade el jersey y las botas.   Dibújale la cara, las orejas y el pelo.   Dibuja la paleta y el pincel.

3   ¡coloréala!

1   cabeza   Caballete   Dibuja la paleta y el pincel.   Piernas   cuerpo

2   Dibújale la cara, las orejas, el pelo y la boina.

3   ¡coloréala!

Borra todos los trazos de esbozado superfluos.

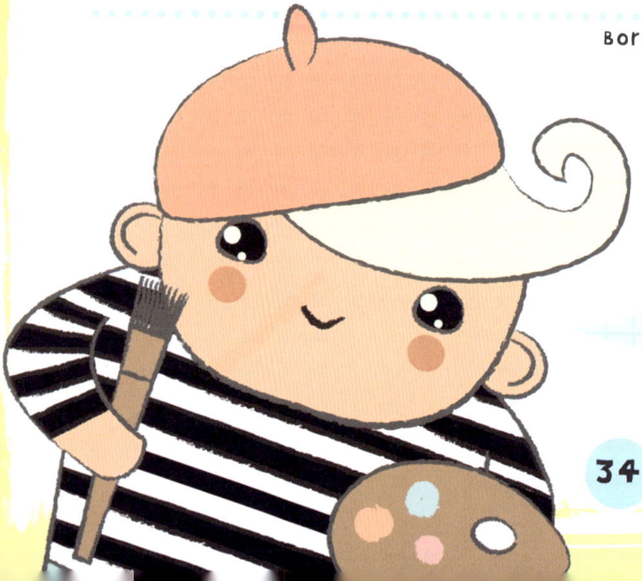

¿Por qué no dibujas a tu artista kawaii pintando un precioso paisaje?

34

Ahora
dibuja tú
un artista.

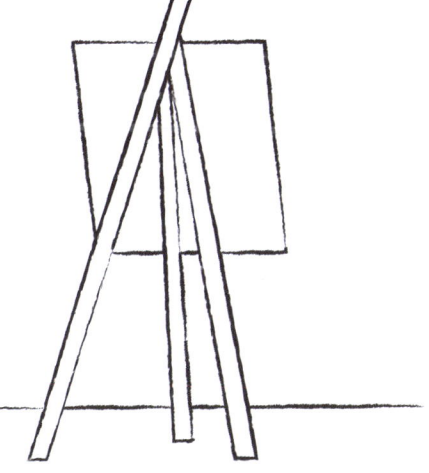

Ninja kawaii

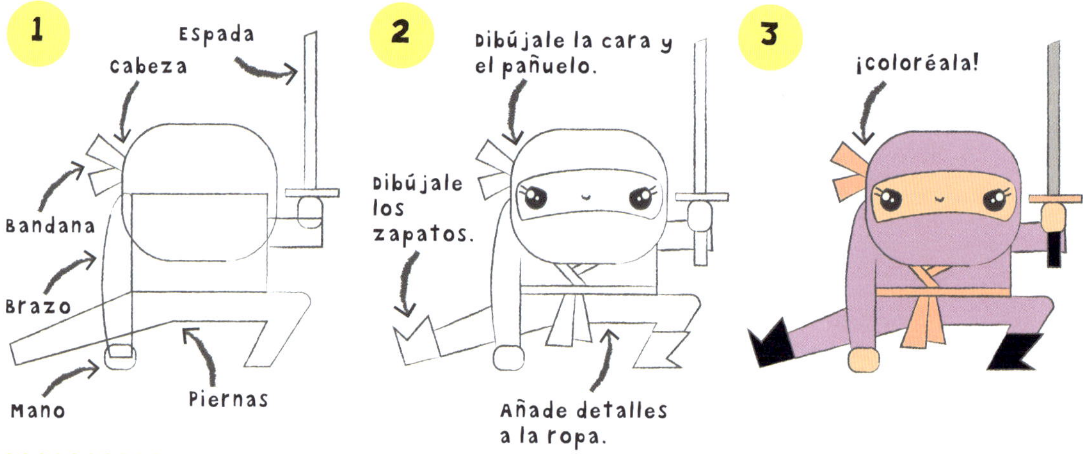

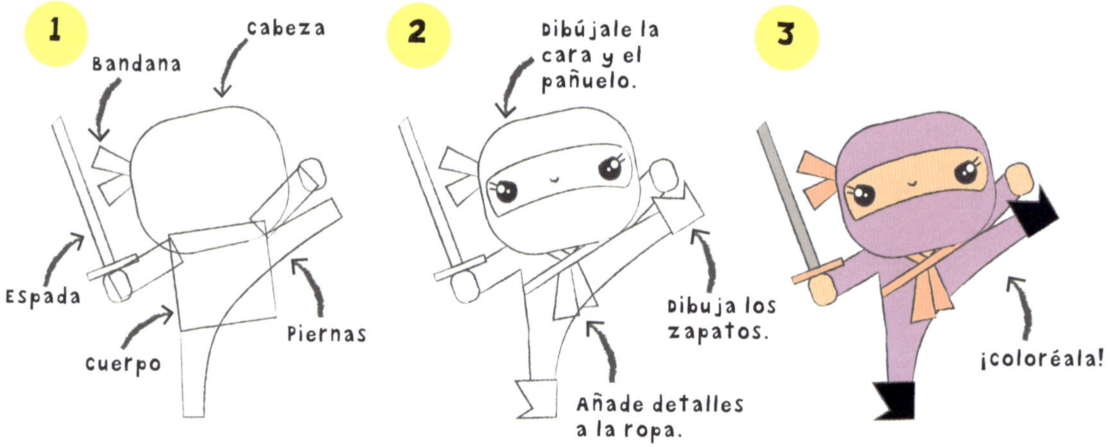

1

Espada

Cabeza

Bandana

Brazo

Mano

Piernas

2

Dibújale la cara y el pañuelo.

Dibújale los zapatos.

Añade detalles a la ropa.

3

¡Coloréala!

1

Bandana

Cabeza

Espada

Cuerpo

Piernas

2

Dibújale la cara y el pañuelo.

Dibuja los zapatos.

Añade detalles a la ropa.

3

¡Coloréala!

Borra todos los trazos de esbozado superfluos.

¿Por qué no dibujas a tu *ninja kawaii* metiéndose sigilosamente en un edifico o templo muy vigilado?

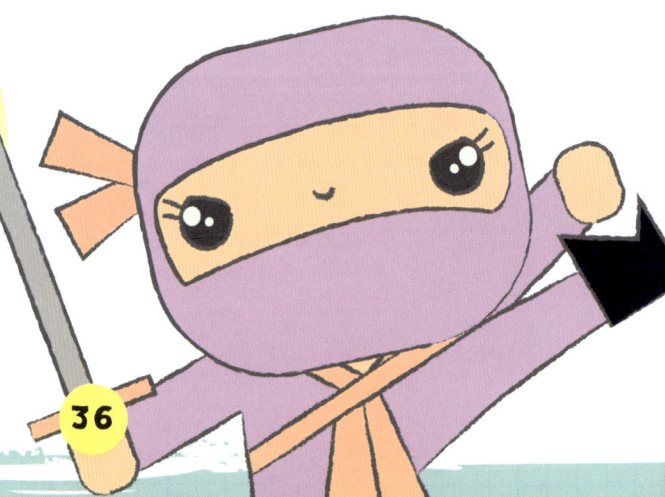

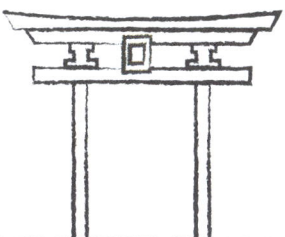

Ahora dibuja tú una
guerrera *ninja*.

Oficial de policía kawaii

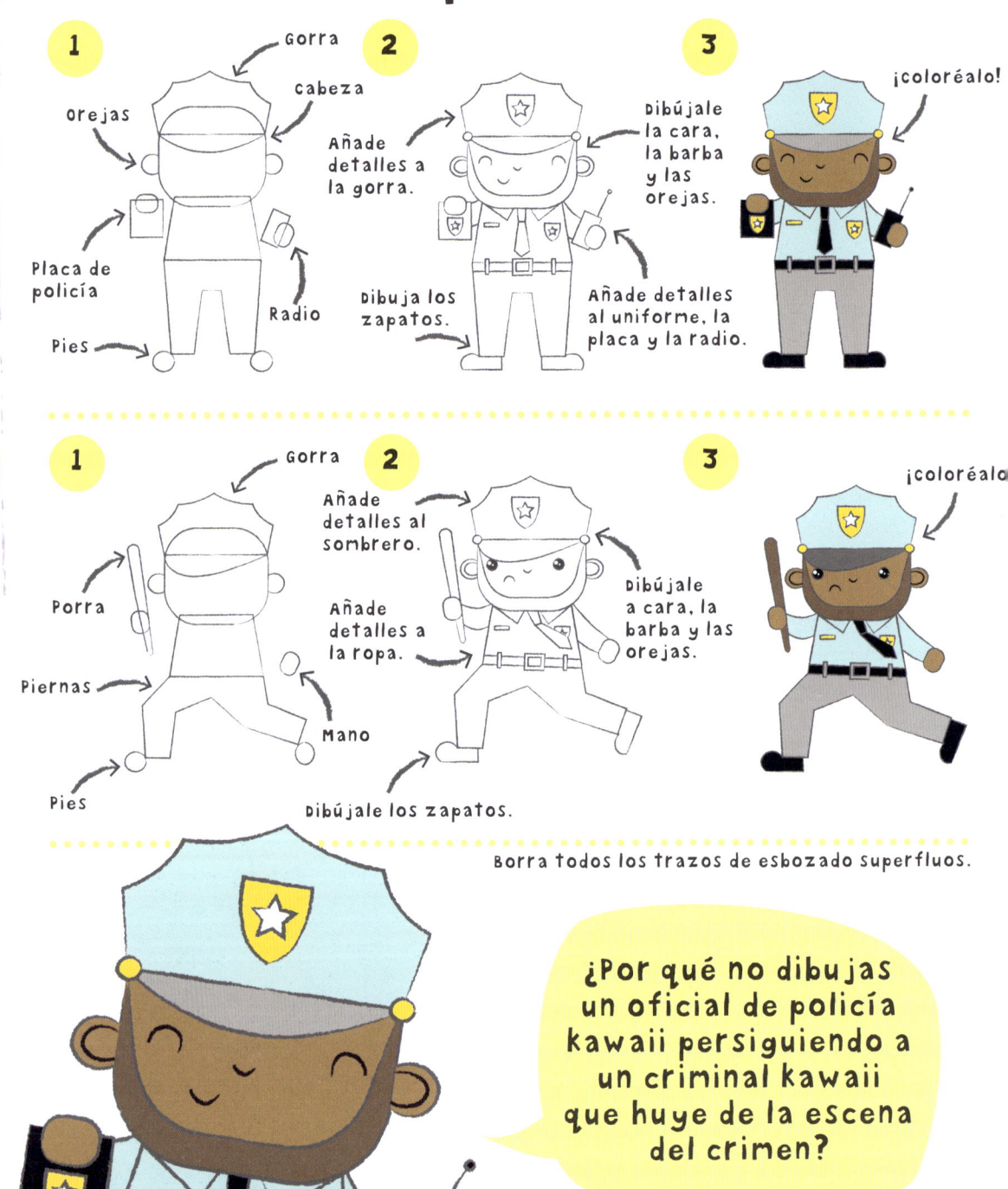

1 Gorra · Cabeza · Orejas · Placa de policía · Radio · Pies

2 Añade detalles a la gorra. · Dibuja los zapatos. · Añade detalles al uniforme, la placa y la radio.

3 Dibújale la cara, la barba y las orejas. · ¡coloréalo!

1 Gorra · Porra · Piernas · Mano · Pies

2 Añade detalles al sombrero. · Añade detalles a la ropa. · Dibújale los zapatos. · Dibújale a cara, la barba y las orejas.

3 ¡coloréalo!

Borra todos los trazos de esbozado superfluos.

¿Por qué no dibujas un oficial de policía kawaii persiguiendo a un criminal kawaii que huye de la escena del crimen?

38

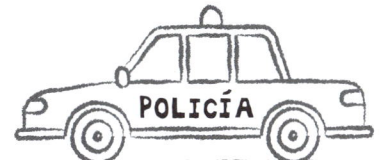

Ahora dibuja tú un
oficial de policía.

DocTor kawaii

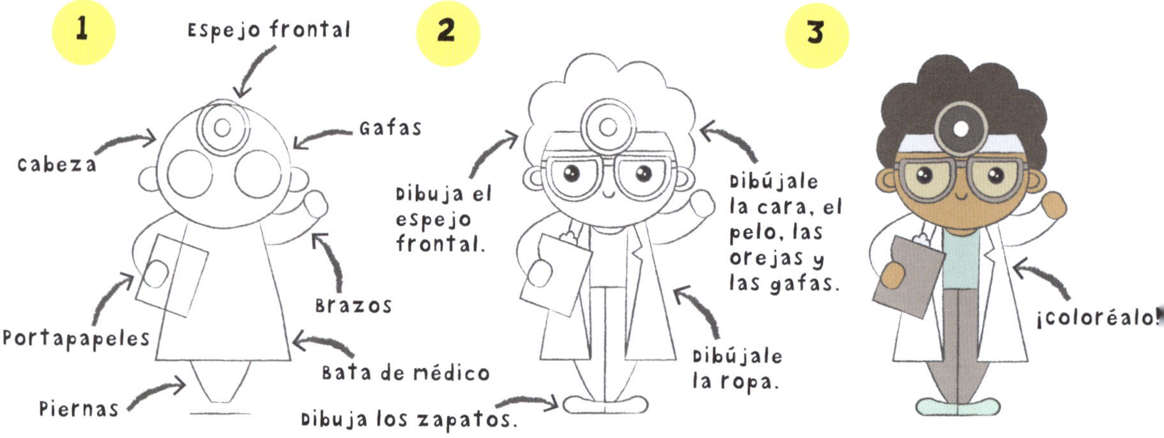

1

Espejo frontal

Cabeza

Gafas

Portapapeles

Brazos

Piernas

Bata de médico

2

Dibuja el espejo frontal.

Dibújale la ropa.

Dibuja los zapatos.

3

¡coloréalo!

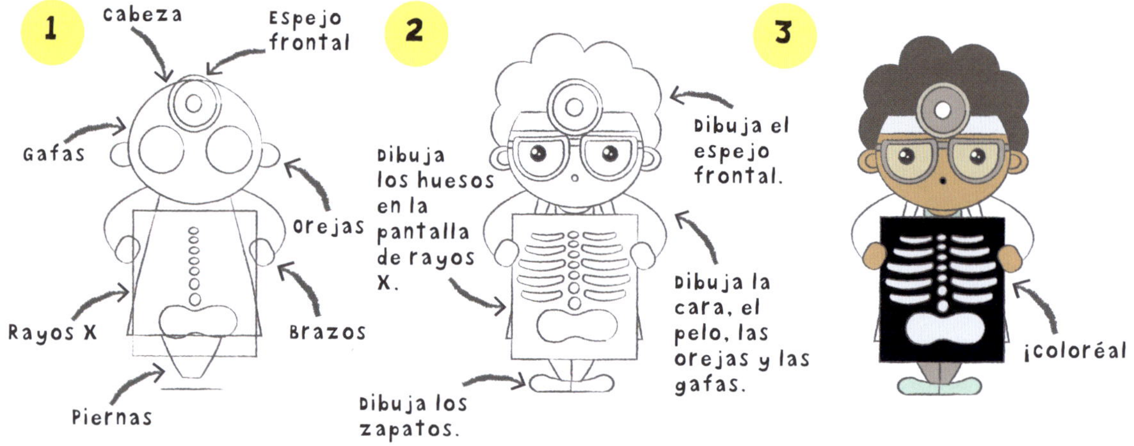

1

Cabeza

Espejo frontal

Gafas

Orejas

Rayos X

Brazos

Piernas

2

Dibuja los huesos en la pantalla de rayos X.

Dibuja la cara, el pelo, las orejas y las gafas.

Dibuja los zapatos.

3

Dibuja el espejo frontal.

¡coloréal

Borra todos los trazos de esbozado superfluos.

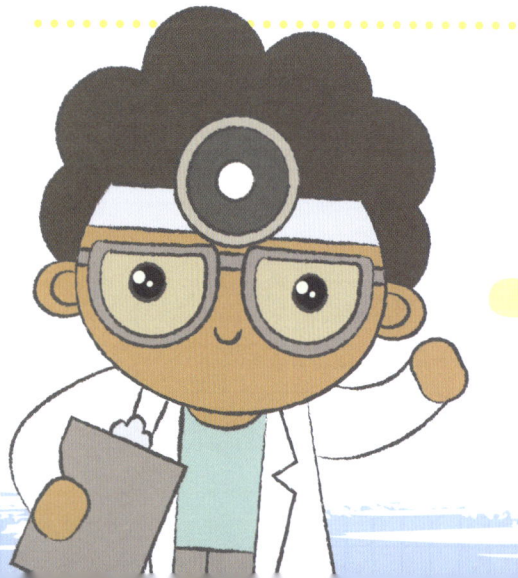

¿Por qué no dibujas un doctor kawaii atendiendo a sus pacientes en el hospital o en el quirófano?

Ahora dibuja tú
a un doctor.

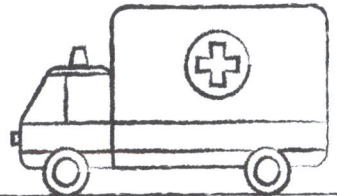

chica zorro kawaii

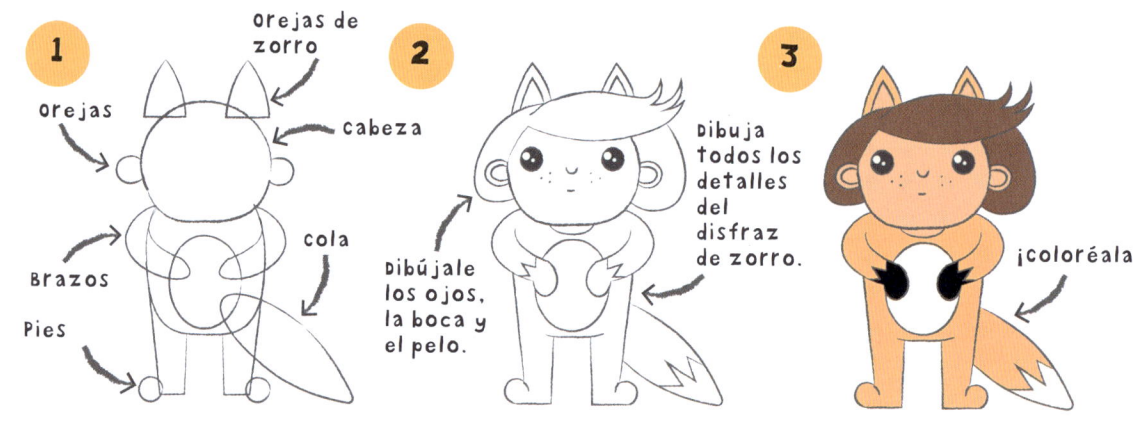

1

Orejas de zorro

orejas

cabeza

Brazos

Pies

cola

2

Dibújale los ojos, la boca y el pelo.

Dibuja todos los detalles del disfraz de zorro.

3

¡coloréala!

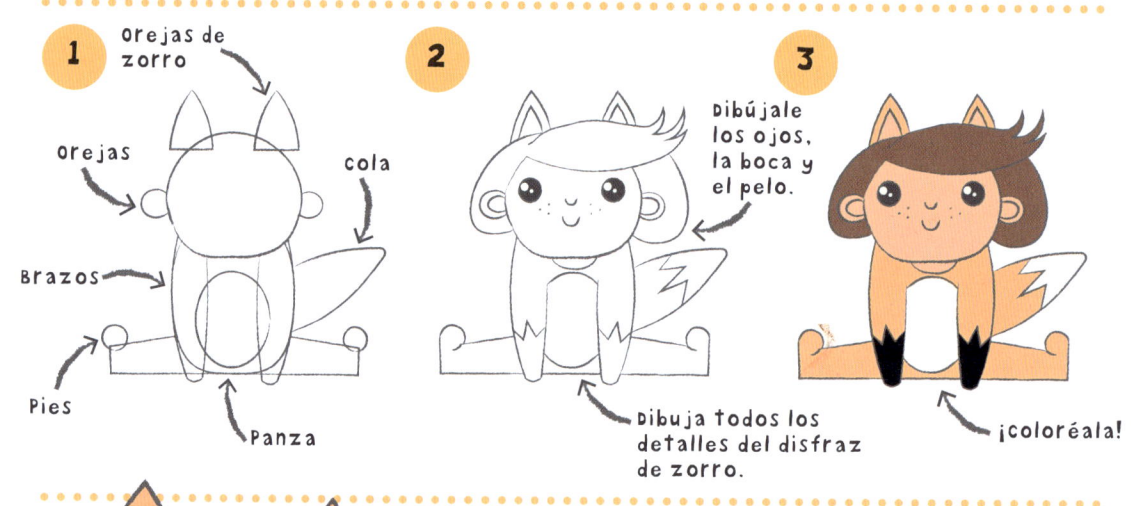

1

Orejas de zorro

orejas

cola

Brazos

Pies

Panza

2

Dibuja todos los detalles del disfraz de zorro.

Dibújale los ojos, la boca y el pelo.

3

¡coloréala!

Borra todos los trazos de esbozado superfluos.

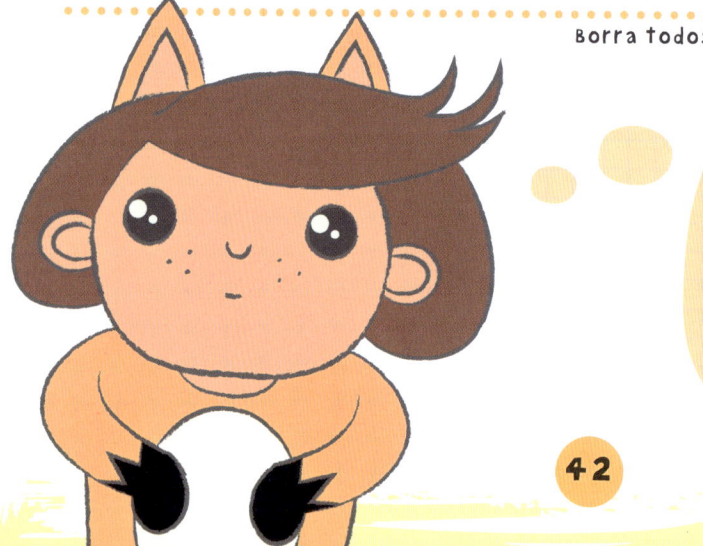

Podrás dibujar a una chica zorro kawaii en un paisaje mágico con otros personajes medio animales, medio humanos.

42

Ahora dibuja
tú una chica
zorro.

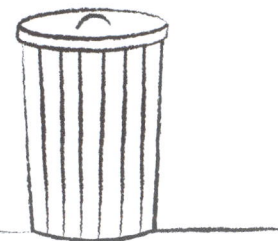

cavernícola kawaii

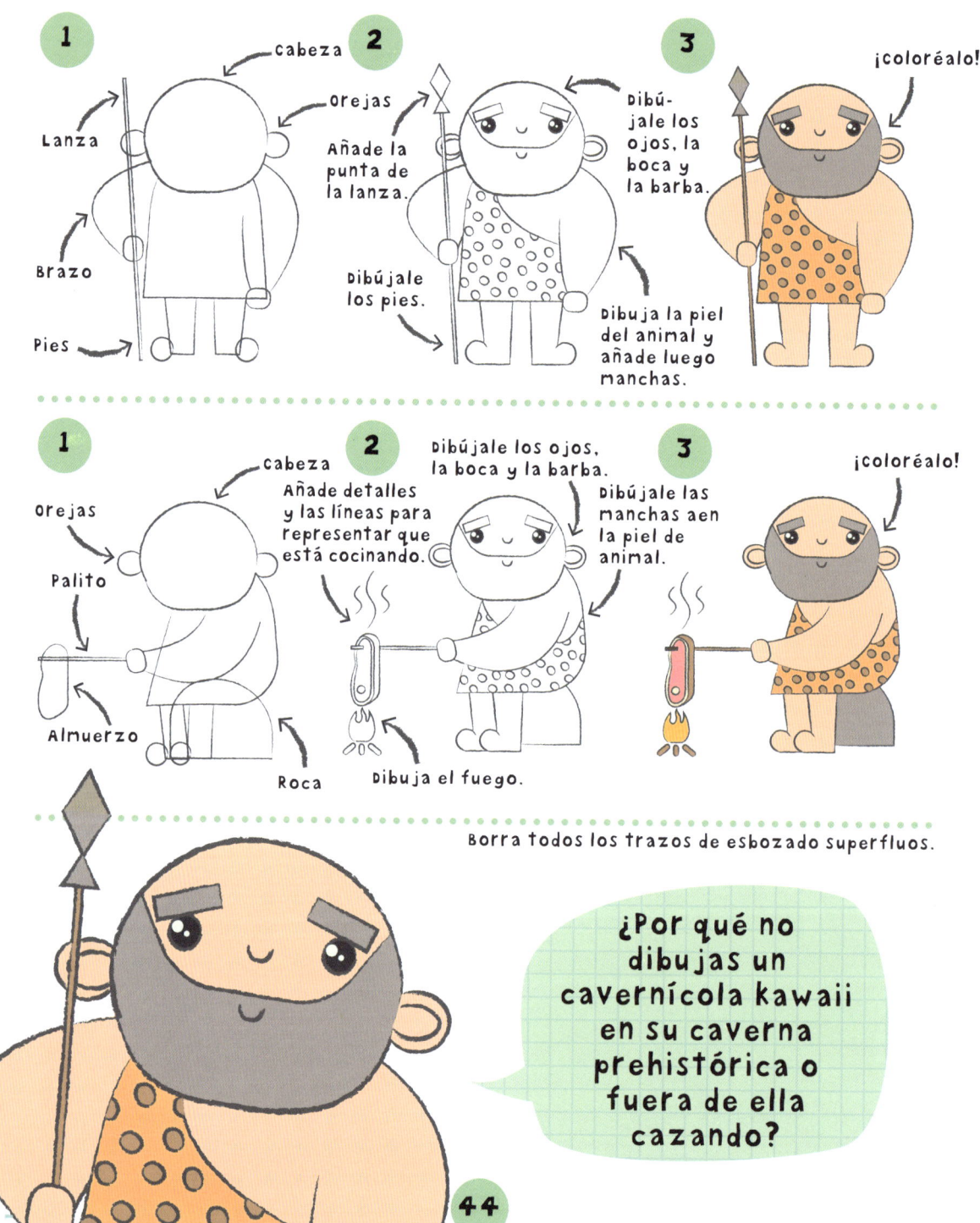

1

Cabeza

Lanza

Brazo

Pies

2

Orejas

Añade la punta de la lanza.

Dibújale los pies.

3

Dibújale los ojos, la boca y la barba.

Dibuja la piel del animal y añade luego manchas.

¡coloréalo!

1

Cabeza

Orejas

Palito

Almuerzo

2

Añade detalles y las líneas para representar que está cocinando.

Dibújale los ojos, la boca y la barba.

Roca

Dibuja el fuego.

3

Dibújale las manchas aen la piel de animal.

¡coloréalo!

Borra todos los trazos de esbozado superfluos.

¿Por qué no dibujas un cavernícola kawaii en su caverna prehistórica o fuera de ella cazando?

44

Ahora dibuja tú
un cavernícola.

Buceadora kawaii

1

Cabeza

Gafas

Botella de oxígeno

Aletas

Cuerpo

Piernas

2

Añade burbujas de aire.

Dibújale el pelo largo y ondulado.

Dibuja la cara, las orejas y la máscara.

Añade todos los detalles de su traje de buceo.

3

¡Coloréala!

1

Aletas

Piernas

Cuerpo

Brazos

Botella de oxígeno

Pelo

Cabeza y gafas

2

Añade todos los detalles al traje y al equipo de buceo.

Dibújale la cara, las orejas, la máscara y las gafas.

3

¡Coloréala!

Borra todos los trazos de esbozado superfluos.

¿Por qué no dibujas una buceadora kawaii buceando entre varias criaturas marinas kawaii?

46

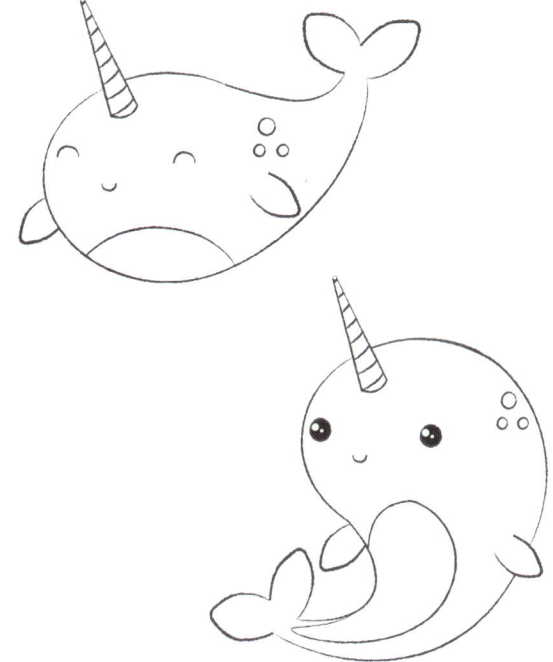

Ahora dibuja tú
una buceadora.

Piloto kawaii

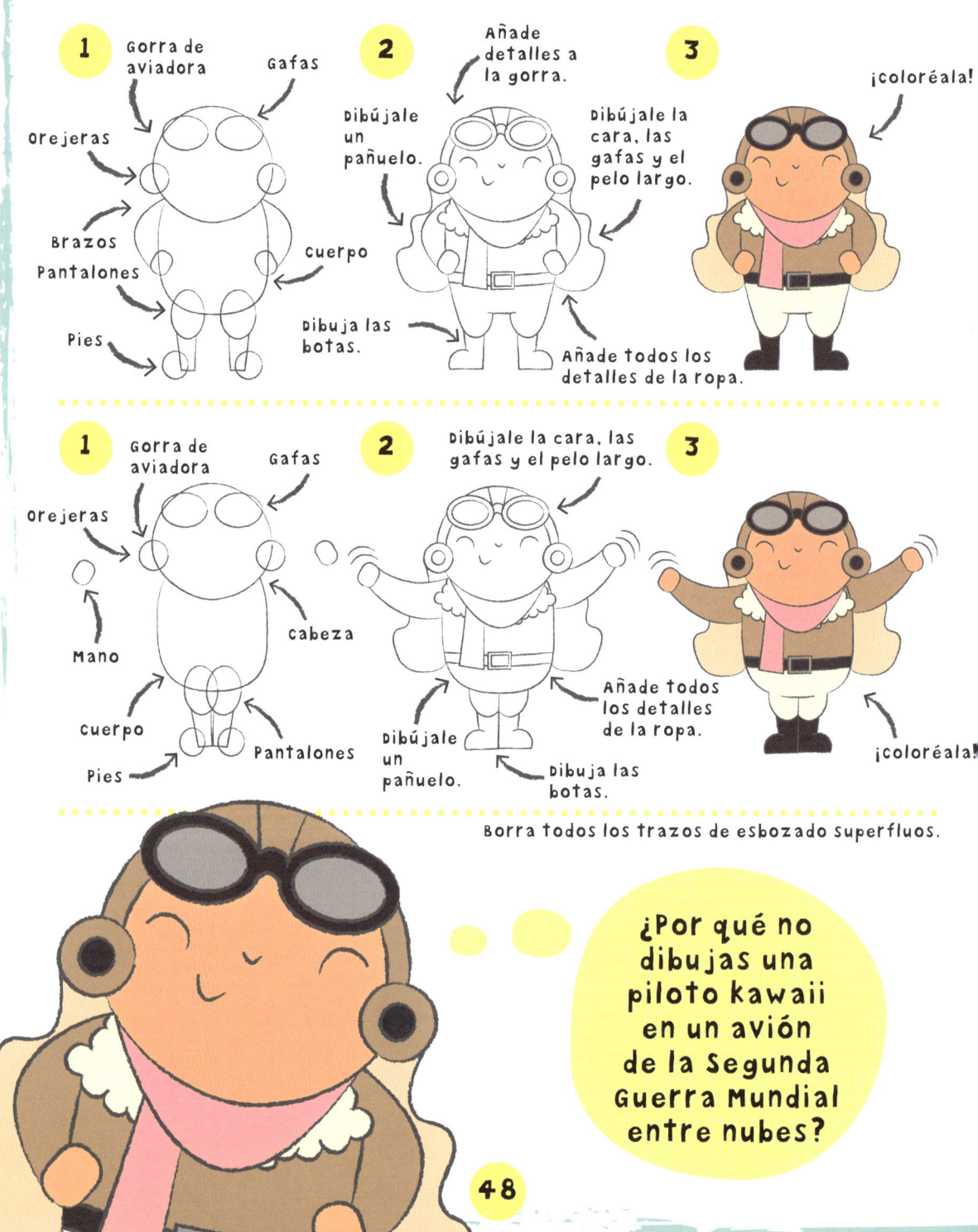

1 Gorra de aviadora · Gafas · Orejeras · Brazos · Pantalones · Pies · cuerpo

2 Añade detalles a la gorra. · Dibújale un pañuelo. · Dibuja las botas. · Añade todos los detalles de la ropa. · Dibújale la cara, las gafas y el pelo largo.

3 ¡coloréala!

1 Gorra de aviadora · Gafas · Orejeras · Mano · cuerpo · Pies · Pantalones · Cabeza

2 Dibújale la cara, las gafas y el pelo largo. · Dibújale un pañuelo. · Dibuja las botas. · Añade todos los detalles de la ropa.

3 ¡coloréala!

Borra todos los trazos de esbozado superfluos.

¿Por qué no dibujas una piloto kawaii en un avión de la Segunda Guerra Mundial entre nubes?

48

Ahora
dibuja tú
una piloto.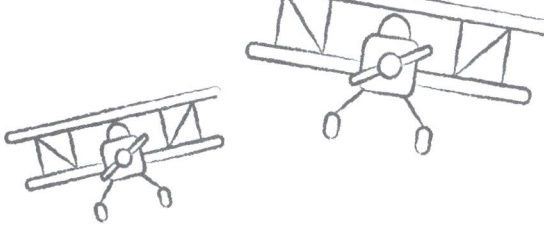

Vaquero kawaii

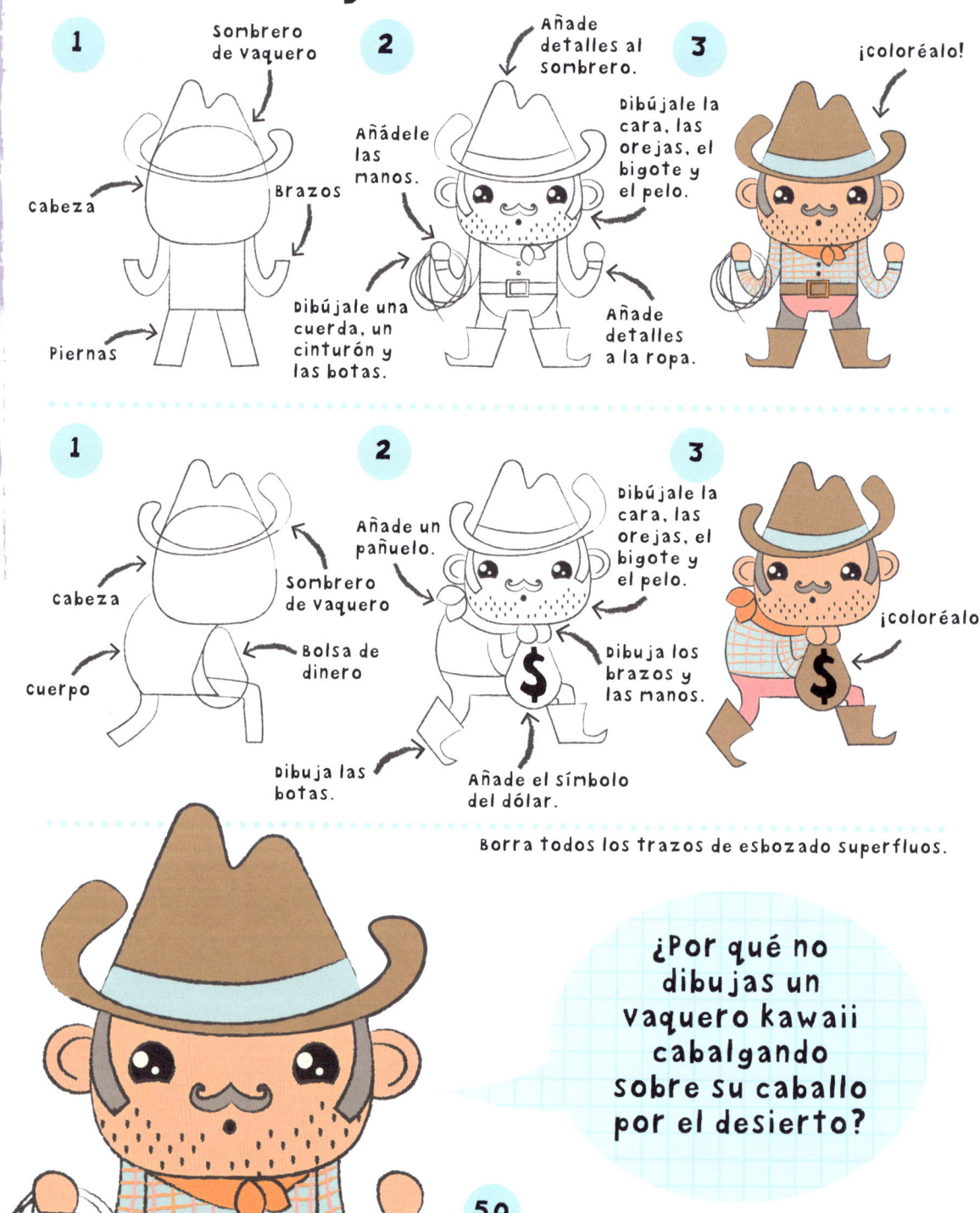

1

Sombrero de vaquero

Cabeza

Brazos

Piernas

2

Añade detalles al sombrero.

Añádele las manos.

Dibújale una cuerda, un cinturón y las botas.

3

¡coloréalo!

Dibújale la cara, las orejas, el bigote y el pelo.

Añade detalles a la ropa.

1

Cabeza

Sombrero de vaquero

Cuerpo

Bolsa de dinero

2

Añade un pañuelo.

Dibuja las botas.

Añade el símbolo del dólar.

3

Dibújale la cara, las orejas, el bigote y el pelo.

Dibuja los brazos y las manos.

¡coloréalo!

Borra todos los trazos de esbozado superfluos.

¿Por qué no dibujas un vaquero kawaii cabalgando sobre su caballo por el desierto?

50

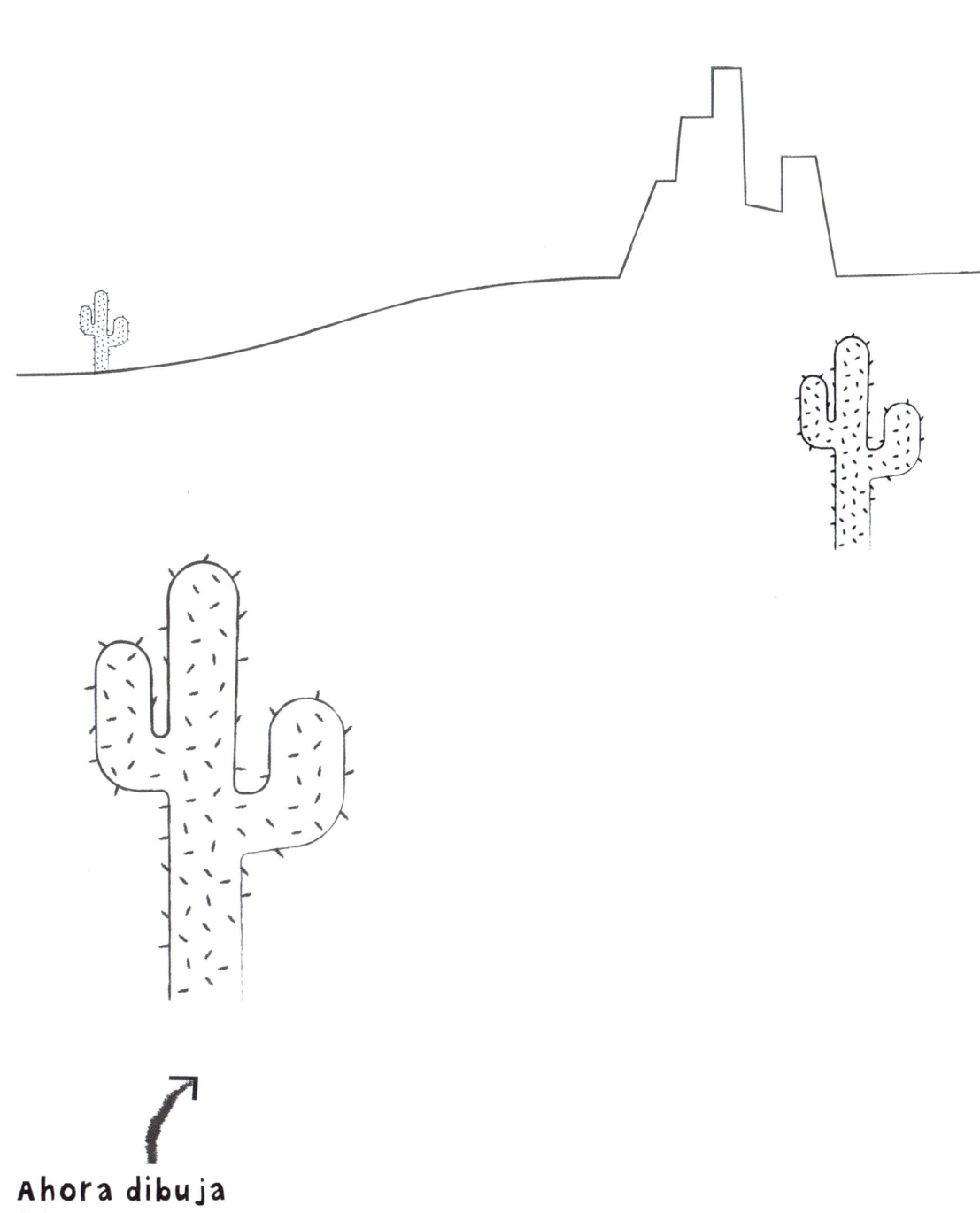

Ahora dibuja
tú un vaquero.

Sirena kawaii

1 orejas · Cabeza · Cuerpo · cola · Roca

2 Dibuja dos conchas. · Dibuja las escamas de la cola. · Dibújale la cara, las orejas y una melena larga y ondulada.

3 ¡coloréala!

1 Cabeza · cola · Cuerpo

2 Dibújale la cara, las orejas y el pelo. · Dibuja los brazos y añade dos conchas. · Añádele escamas.

3 ¡coloréala!

Borra todos los trazos de esbozado superfluos.

¡Podrás dibujar una sirenita kawaii en el fondo del mar con infinidad de criaturas submarinas kawaii!

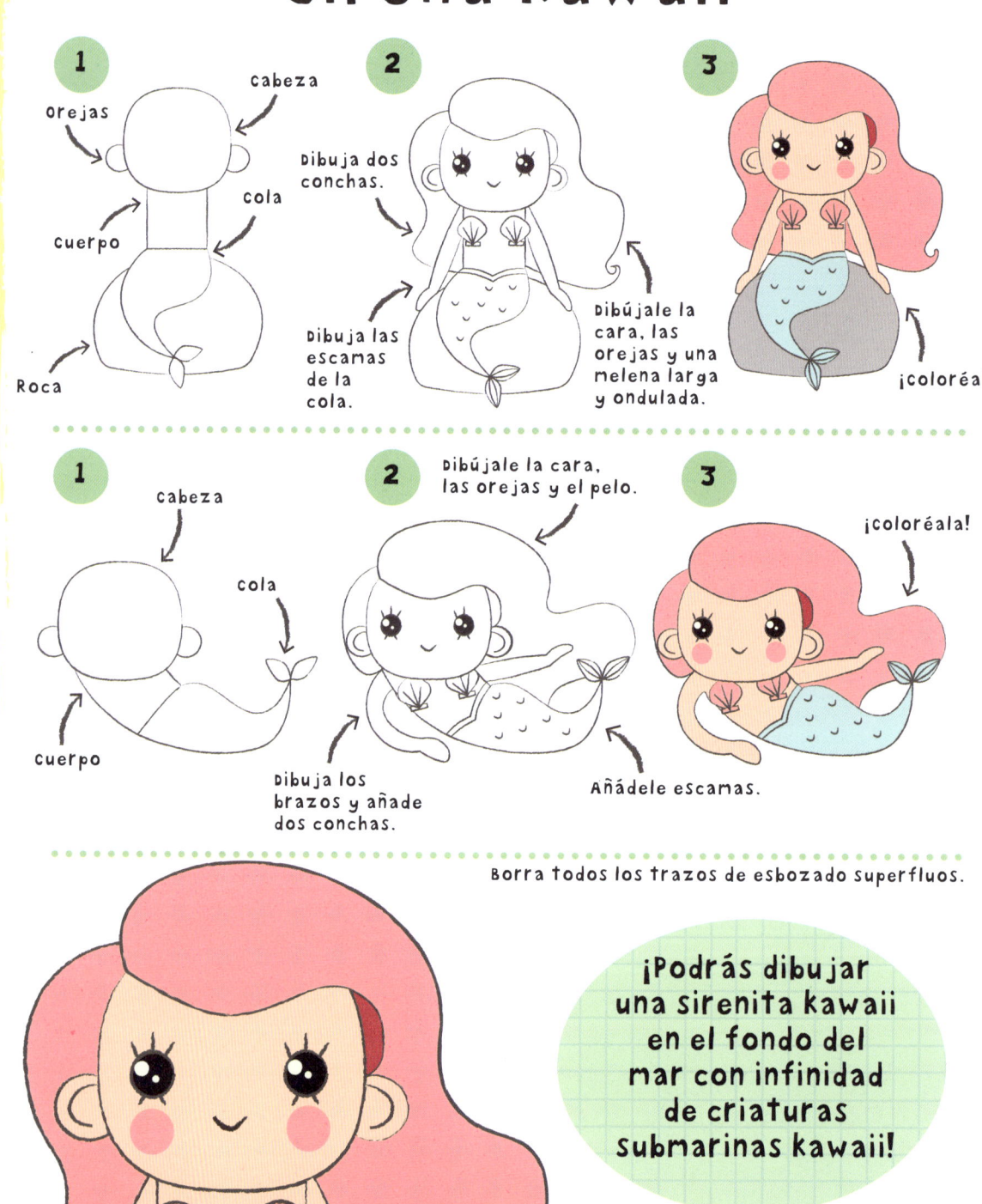

52

Ahora dibuja tú
una sirena.

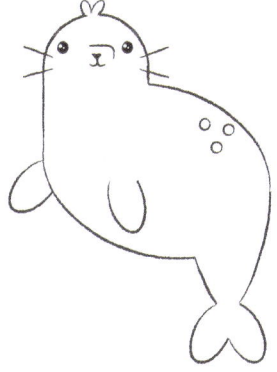

Bailarina kawaii

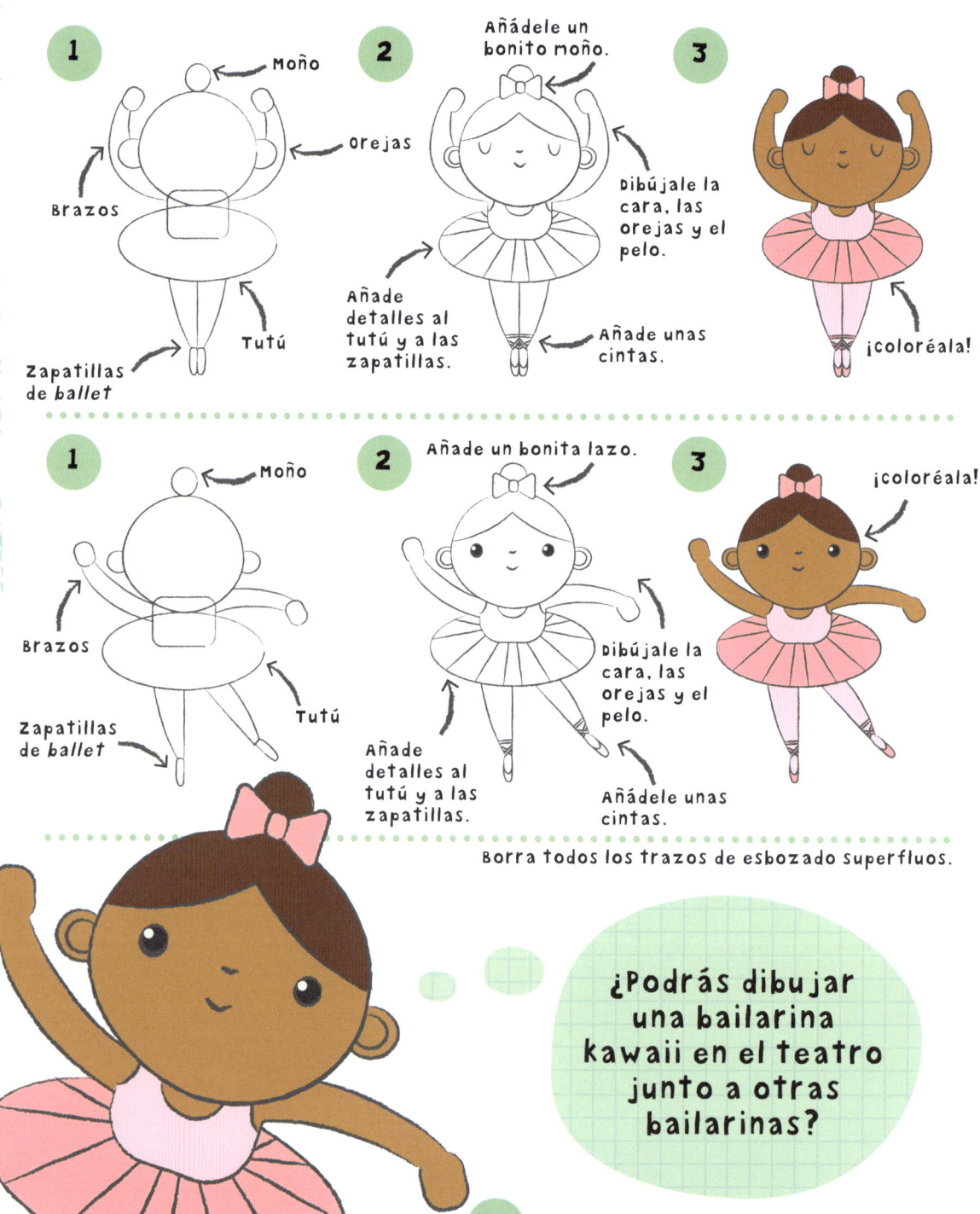

1 Moño • Orejas • Brazos • Tutú • Zapatillas de *ballet*

2 Añádele un bonito moño. • Dibújale la cara, las orejas y el pelo. • Añade detalles al tutú y a las zapatillas. • Añade unas cintas.

3 ¡coloréala!

1 Moño • Brazos • Zapatillas de *ballet* • Tutú

2 Añade un bonita lazo. • Dibújale la cara, las orejas y el pelo. • Añade detalles al tutú y a las zapatillas. • Añádele unas cintas.

3 ¡coloréala!

Borra todos los trazos de esbozado superfluos.

¿Podrás dibujar una bailarina kawaii en el teatro junto a otras bailarinas?

54

Ahora dibuja tú
una bailarina.

Faraón kawaii

1

Tocado

Brazos

Faldilla

Piernas

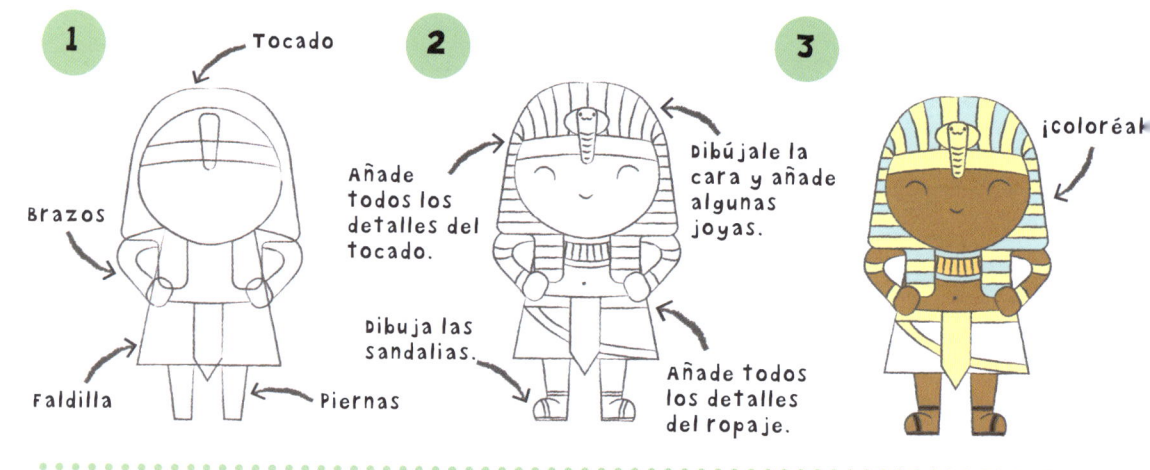

2

Añade todos los detalles del tocado.

Dibuja las sandalias.

Dibújale la cara y añade algunas joyas.

Añade todos los detalles del ropaje.

3

¡coloréal‹

1

Tocado

Brazos

Cuerpo

Faldilla

Piernas

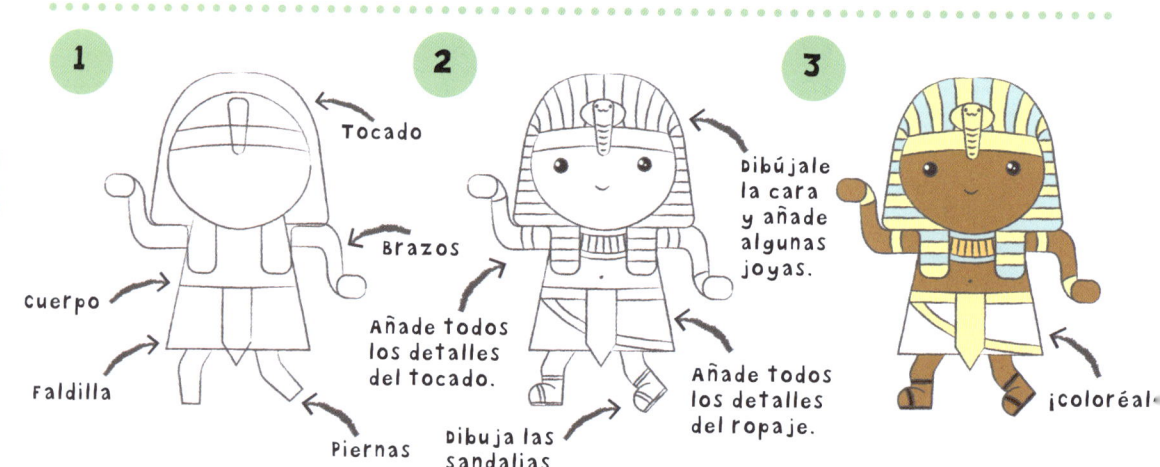

2

Añade todos los detalles del tocado.

Dibuja las sandalias.

Dibújale la cara y añade algunas joyas.

Añade todos los detalles del ropaje.

3

¡coloréal‹

Borra todos los trazos de esbozado superfluos.

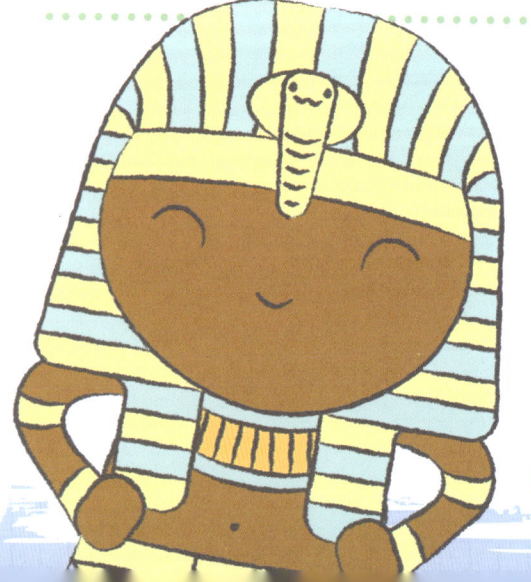

¿Por qué no dibujas un faraón kawaii en su palacio o mirando cómo construyen las pirámides?

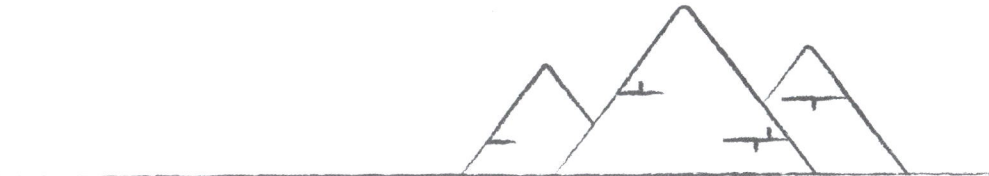

Ahora dibuja
tú un faraón.

científica kawaii

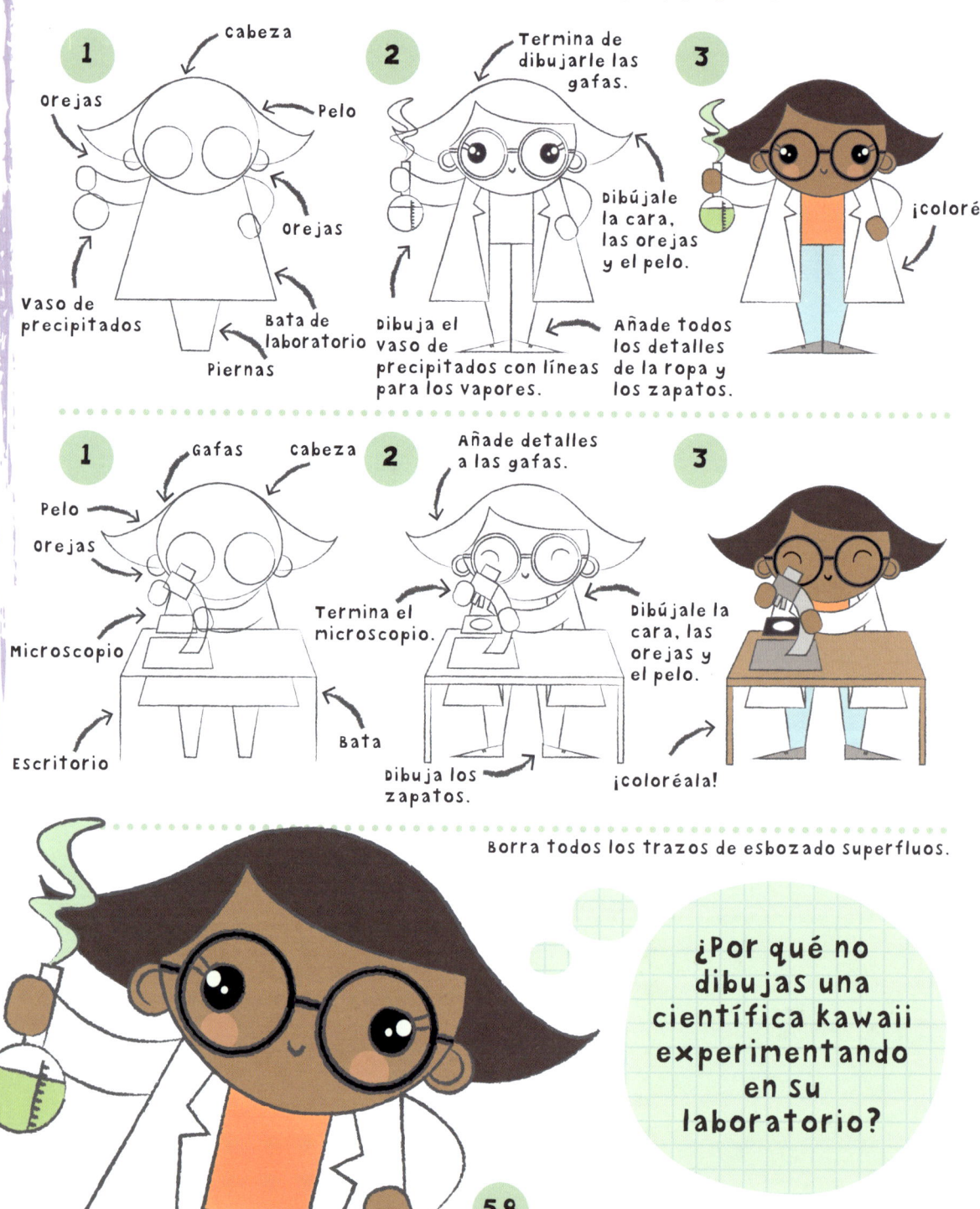

1
- cabeza
- Orejas
- Pelo
- Orejas
- Vaso de precipitados
- Bata de laboratorio
- Piernas

2
- Termina de dibujarle las gafas.
- Dibújale la cara, las orejas y el pelo.
- Dibuja el vaso de precipitados con líneas para los vapores.
- Añade todos los detalles de la ropa y los zapatos.

3
- ¡coloréa

1
- Gafas
- cabeza
- Pelo
- Orejas
- Microscopio
- Escritorio

2
- Añade detalles a las gafas.
- Termina el microscopio.
- Bata
- Dibuja los zapatos.

3
- Dibújale la cara, las orejas y el pelo.
- ¡coloréala!

Borra todos los trazos de esbozado superfluos.

¿Por qué no dibujas una científica kawaii experimentando en su laboratorio?

58

Ahora dibuja tú
una científica.

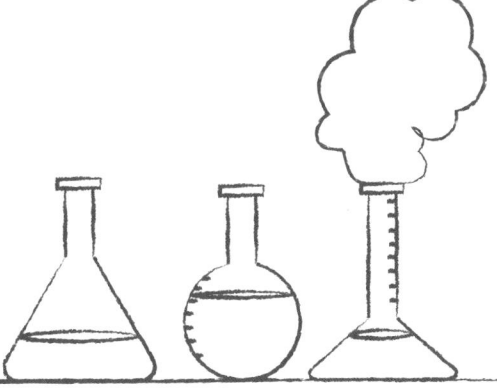

Mago kawaii

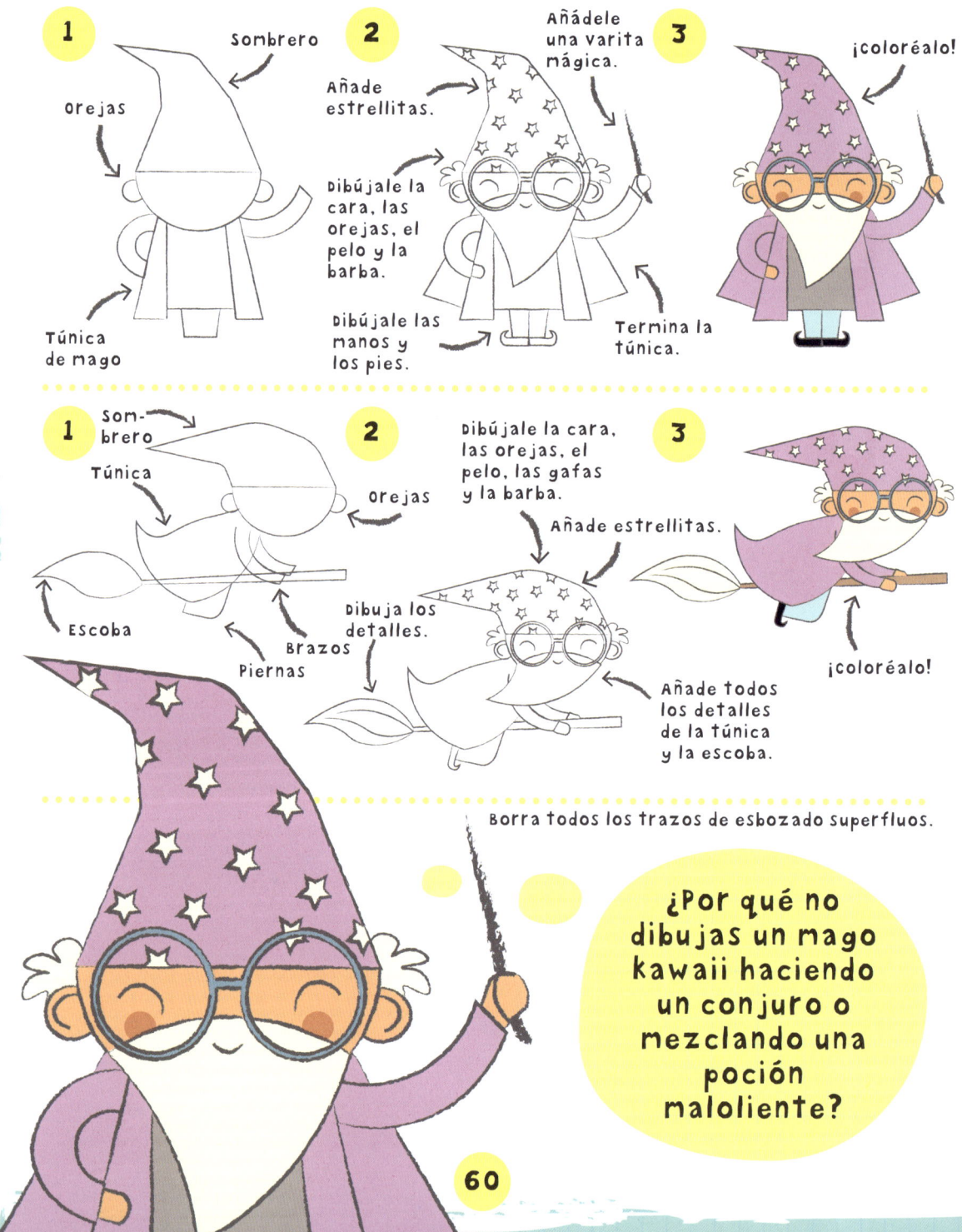

1

Sombrero

Orejas

Túnica de mago

2

Añade estrellitas.

Añádele una varita mágica.

Dibújale la cara, las orejas, el pelo y la barba.

Dibújale las manos y los pies.

Termina la túnica.

3

¡coloréalo!

1

Sombrero

Túnica

Escoba

Brazos

Piernas

2

Orejas

Dibújale la cara, las orejas, el pelo, las gafas y la barba.

Añade estrellitas.

Dibuja los detalles.

Añade todos los detalles de la túnica y la escoba.

3

¡coloréalo!

Borra todos los trazos de esbozado superfluos.

¿Por qué no dibujas un mago kawaii haciendo un conjuro o mezclando una poción maloliente?

Ahora
dibuja tú
un mago.

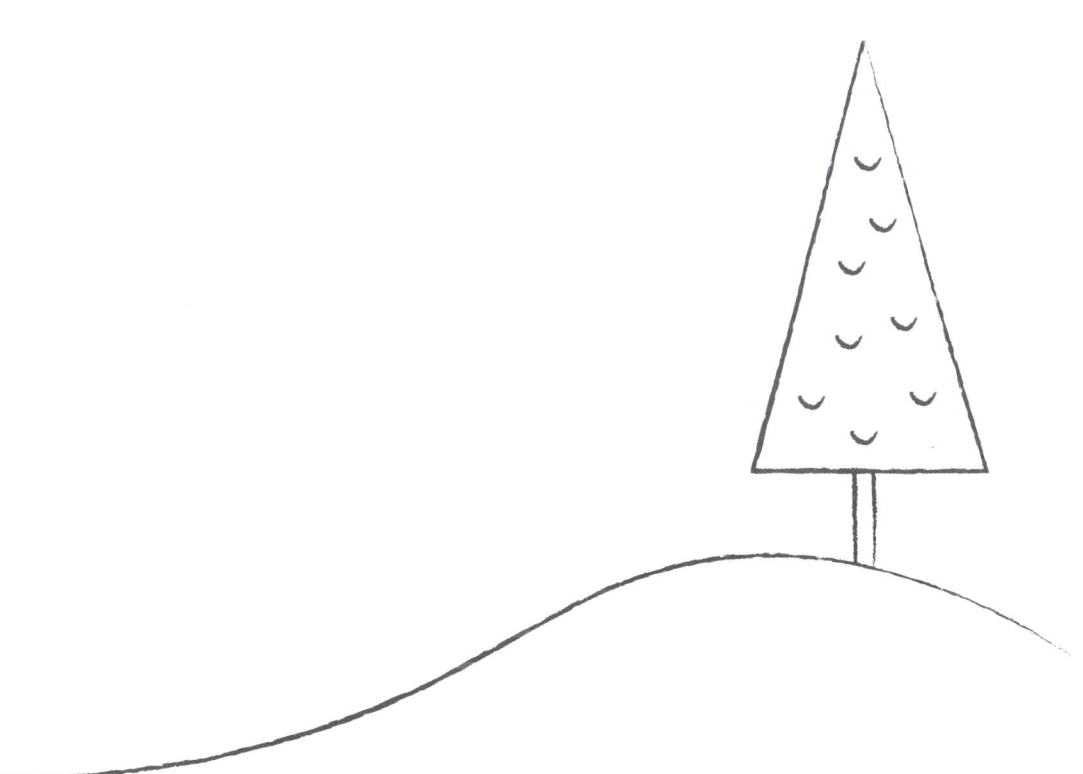

Exploradora kawaii

1 Sombrero · Orejas · Cabeza · Mochila · Piernas · Brazos

2 Añade detalles del pelo. · Dibuja las botas.

3 ¡coloréala! · Dibújale la cara, las orejas y el pelo. · Añádele todos los detalles de la ropa y la mochila.

1 Cabeza · Prismáticos · Sombrero · Brazos · Cuerpo · Piernas · Pies

2 Añade detalles del sombrero. · Añade todos los detalles de la ropa. · Dibuja las botas. · Dibújale la cara, el pelo y los prismáticos.

3 ¡coloréala!

Borra todos los trazos de esbozado superfluos.

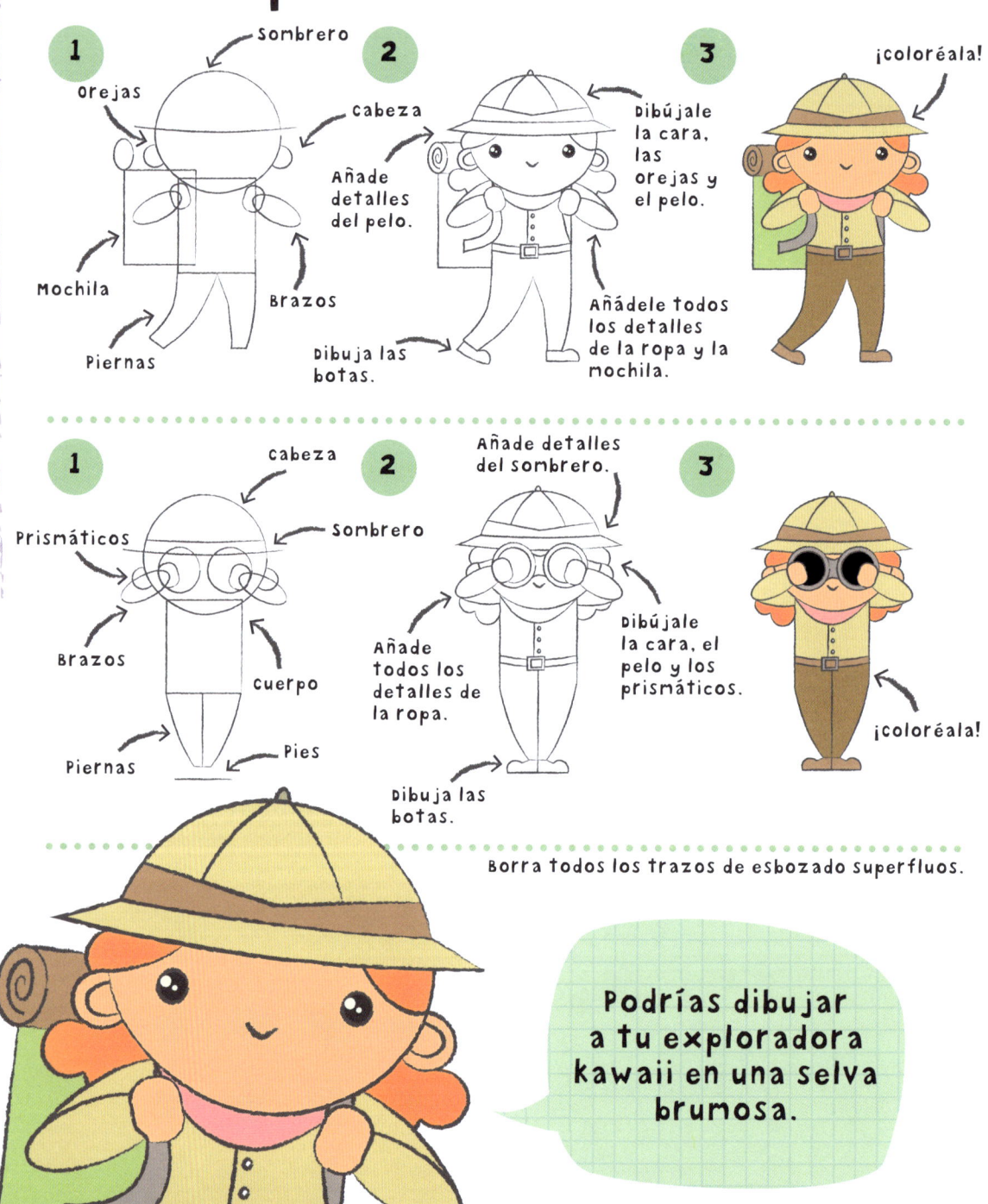

Podrías dibujar a tu exploradora kawaii en una selva brumosa.

62

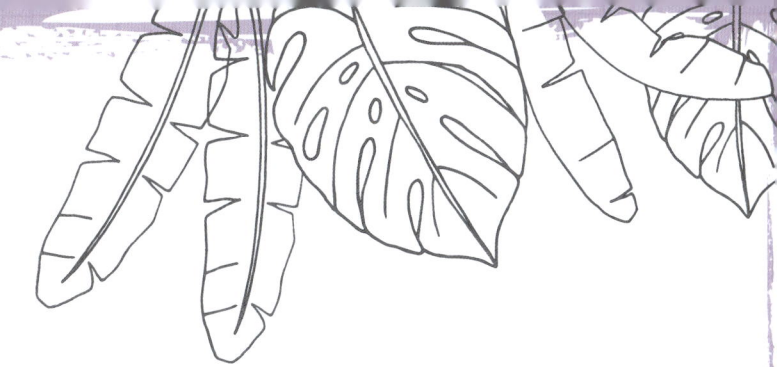

Ahora dibuja tú
una exploradora.

Glosario

Gladiador: Persona que luchaba a muerte contra otras personas en los anfiteatros de la antigua Roma para entretenimiento del público.

Ninja: Persona entrenada en artes marciales japonesas, empleada para espiar a enemigos o asesinar a personas.

Paleta: Tabla fina en la que un artista coloca y mezcla sus colores de pintura antes de utilizarlos.

Faraón: Nombre del gobernante del antiguo Egipto.

Vikingos: Piratas, marinos y comerciantes de los países escandinavos durante los siglos VII-XI d.C.

Mago: Persona que puede realizar hechizos mágicos.